El Portal
de la
Plegaria

ליקוטי תפילות
Likutey Tefilot

Las Plegarias del Rabí Natán

Volumen I, Plegarias 1-20

Comentario y Notas
Avraham Greenbaum

Traducido al Español por
Guillermo Beilinson

Publicado por
BRESLOV RESEARCH INSTITUTE
Jerusalem/New York

ISBN 978-1-928822-72-1
Copyright©Breslov Research Institute

Primera edición - 2013
Título del original en Inglés:
The Fiftieth Gate

Para más información:
Breslov Research Institute
POB 5370
Jerusalem, Israel.

Breslov Research Institute
POB 587
Monsey, NY 10952-0587
Estados Unidos de Norteamérica.

Breslov Research Institute
c\o G.Beilinson
calle 493 bis # 2548
Gonnet (1897)
Argentina.
e-mail: abei1ar@yahoo.com.ar

INTERNET: http//www.breslov.org
Diseño de cubierta: P-B
Impreso en Argentina

En recuerdo de

Iehudá ben Shlomo

Quien nutriéndose en las
tradiciones judías transitó su vida
guiado por lo que
sabía justo

Índice

Parte I

El Poder de la Plegaria: Una introducción general a *El Portal de la Plegaria*

I: Las Plegarias del Rabí Natán

"Que esto sea escrito para la generación futura y un pueblo que será creado alabará al Eterno" (Salmos 102:19)

¿Qué es la plegaria y *cómo* se debe orar? Los servicios diarios de plegaria son obligatorios. La tarea es recitar las palabras de manera sincera con total concentración. Pero para muchos de nosotros, viajar por este camino es como viajar en una senda bien establecida que los bandidos conocen muy bien. En cada curva nos acechan, dispuestos a robarnos las plegarias de hoy y, con ellas, nuestra conexión con Dios. Los bandidos son nuestros propios malos hábitos: solemos repetir las palabras de manera automática... balbuceamos y tropezamos... nuestra mente divaga...

Aun así, debemos tratar de seguir haciéndolo: recitar las plegarias diarias es una obligación. Pero para forjar una conexión profunda con Dios, también debemos establecer un nuevo sendero, uno que los bandidos no conozcan. Ese nuevo sendero se hace mediante nuestras plegarias personales, las plegarias que le ofrecemos a Dios desde nuestros corazones, en nuestras propias palabras y en momentos privados (ver *Likutey Moharán* II:97). ¿Pero cómo? Incluso en los momentos en los cuales sentimos una gran necesidad de conectarnos íntimamente con nuestro Hacedor, nos sentimos inadecuados y carentes de palabras.

El *Likutey Tefilot* -una antología de plegarias escritas por el rabí Natán de Breslov (1780-1844)- es mucho más que una colección de las plegarias de un hombre. Un importante clásico de la literatura de la Torá, el *Likutey Tefilot* es una enseñanza rutilante sobre el *cómo* de la plegaria: ¿Cómo debemos hablarle a Dios? ¿Cómo debemos acercarnos a Él con nuestras propias plegarias privadas? Sinceras, directas y verdaderamente elocuentes, las plegarias en el *Likutey Tefilot* nos muestran la manera de construir una conexión íntimamente personal con Dios - expresando nuestros sentimientos más íntimos, nuestras necesidades y aspiraciones, en cada fase de nuestra vida espiritual y material.

No sólo las plegarias del *Likutey Tefilot* son una enseñanza sobre cómo orar. Son un legado dejado por el rabí Natán para que podamos utilizarlo en nuestras propias devociones. Sus plegarias nunca dejan de otorgarnos las palabras correctas cuando más las necesitamos. El mismo rabí Natán le aplicó al *Likutey Tefilot* el versículo de los Salmos (102:19): "Que esto sea escrito para la generación futura y un pueblo que será creado alabará al Eterno".

Un nuevo camino que en realidad es muy antiguo

El rabí Natán fue el discípulo más cercano de la destacada luminaria jasídica, el rabí Najmán de Breslov (1772-1810). El Rebe Najmán enseñó que la plegaria es nuestra vía principal para conectarnos con Dios - tanto a través de las plegarias formales como informales. "La plegaria es el portal a través del cual nos acercamos a Dios y llegamos a conocerlo" (*Likutey Moharán* II:84). Nuestra vida misma nos llega a través de la plegaria, como está escrito: "Plegaria al Dios de mi *vida*" (Salmos 42:9). A través de la plegaria hacemos descender bendiciones y vitalidad hacia todos los mundos (ver *Likutey Moharán* I:9).

El Rebe Najmán hizo notar que los orígenes de la plegaria se encuentran en la expresión privada del corazón ofrecida por cada individuo en sus propias palabras, en su idioma nativo. El Rambam (Maimónides) habla de esto al comienzo de la sección de su Código que trata sobre la plegaria *(Hiljot Tefilá* 1:2-4). Afirma que ésta era la forma principal de plegaria antes de la introducción del orden de plegarias establecido por los Hombres de la Gran Asamblea (392-310 A.E.C). Incluso de acuerdo a la Ley, la forma original sigue siendo la más importante. Aunque continuamos siguiendo el orden de la plegaria instituida por los Hombres de la Gran Asamblea -el *Sidur*- sin embargo la forma original es la más beneficiosa *(Sabiduría y Enseñanzas del rabí Najmán de Breslov* #229).

A todo lo largo de la Biblia y del Midrash encontramos ejemplos de los grandes Tzadikim ofreciendo plegarias a Dios en sus propias palabras - los Patriarcas y Matriarcas, Moshé, Jana, Shmuel, David, Shlomo, Jiskiá, Daniel, Mordejai y Esther, para nombrar algunos. Del período posterior a la Gran Asamblea, el Talmud *(Berajot* 17a) trae muchos ejemplos de plegarias privadas de diferentes Tanaim y Amoraim, al igual que plegarias cortas para toda clase de situaciones, desde entrar o salir de una ciudad hasta buscar tratamiento médico y medir la cosecha. Dijeron los Sabios: "Si la persona pasase el día en plegaria" *(Berajot* 21a).

En épocas posteriores al Talmud, muchos de los Gaonim y de los sabios posteriores escribieron sus propias plegarias privadas y poemas, algunos de los cuales llegaron a la liturgia. El notable maestro Kabalista, el rabí Itzjak Luria, el Ari (1534-72) compuso muchas plegarias, al igual que sus discípulos. Dos siglos más tarde, el fundador del movimiento jasídico, el rabí Israel, el Baal Shem Tov (1698-1760) y sus discípulos pusieron un especial énfasis en la plegaria personal.

El Rebe Najmán, quien fue el bisnieto del Baal Shem Tov, afirmó que toda su misión en el mundo era enseñar la senda de la plegaria *(Likutey Moharán* II:93). El Rebe les dijo a sus seguidores: "Denme sus corazones y yo los llevaré por un nuevo sendero, que es en realidad el antiguo sendero por el cual caminaron nuestros padres" (*Tovot Zijronot* #5).

El Poder de la Plegaria

La plegaria personal tiene un lugar de privilegio en los escritos del Rebe Najmán. Él la recomendaba para todos, sin importar el nivel espiritual, elevado o no. Si bien enfatizaba lo exaltado del orden del servicio de las plegarias, el Rebe Najmán también enseñó que todos deberían tomar la costumbre diaria de pasar una hora en un lugar en el cual pudiesen estar a solas, así sea en los bosques o en las praderas o en la privacidad de sus propios hogares. Allí uno debía hablar con Dios, con sus propias palabras y en su propia lengua materna, derramando el corazón y el alma y pidiéndole a Él todo aquello que necesite, tanto espiritual como material. Debería examinar sus diferentes actividades, su comportamiento y su personalidad y pedirle ayuda a Dios para desarrollarse y mejorar. Esta práctica es llamada *hitbodedut*, que literalmente significa "aislarse".

"Dios es bueno para todos" (Salmos 145:9). El Rebe Najmán nos dice que las palabras hebreas también significan "Dios es bueno para todo" - expresando la fe en que Dios es la fuente de todo lo que necesitamos, así sea el sustento, la salud o alguna otra cosa. Si es así, nuestra prioridad debe ser pedirle a Dios por lo que necesitemos, en lugar de poner nuestras energías exclusivamente en los medios materiales. Cuando se trata de los medios materiales -por ejemplo, las medicinas utilizadas para curar- pueden o no ser accesibles e incluso si lo son puede que no ayuden: nunca podemos saberlo. Pero Dios está siempre accesible y nada Le impide ayudarnos de la manera en que Él quiere. Pues, "¿Quién es como HaShem nuestro Dios cuando lo llamamos?" (Deuteronomio 4:7; *Likutey Moharán* I:14, 11).

Especialmente, cuando se trata de nuestro desarrollo espiritual, la plegaria es la clave del progreso. La literatura de la Torá ofrece guías sobre cada aspecto del *Avodat HaShem*, el servicio a Dios. Pero en general el consejo específico dado para alcanzar los diferentes niveles es, en la mayoría de los casos, extremadamente difícil de seguir. Siendo así, el mejor consejo general es orar a Dios por todo y pedirle a Él que nos ayude a avanzar.

En nuestros esfuerzos para elevarnos espiritualmente usualmente nos encontramos luchando contra toda clase de obstáculos, algunos externos y otros internos. Los obstáculos internos, levantados por el *ietzer hará*, la mala inclinación que todos tenemos, pueden ser los más difíciles. El *ietzer hará* está profundamente embebido en nosotros dando nacimiento a un interminable flujo de pensamientos contradictorios, de sentimientos y de impulsos. El Rebe Najmán enseñó que no hay manera de escapar a los ataques del *ietzer hará* si no es hablándole a Dios, cada uno en su propio nivel. Debemos derramar nuestros corazones ante Dios, hablándole de todos nuestros problemas, de nuestro dolor y frustración. Debemos apelar a Él para que nos acerque a Su servicio y nos libere del *ietzer*.

Aunque caigamos una y otra vez, nunca debemos perder la esperanza ni abandonar. Debemos persistir obstinadamente con nuestras plegarias, no importa lo que suceda. Finalmente tendremos éxito. Aunque sintamos que nuestros corazones se han cerrado y se han vuelto insensibles debido a nuestros diferentes problemas y dificultades, aun así no debemos permitirnos perder la esperanza. Incluso una sola palabra o gemido en medio de nuestras dificultades y problemas es muy valioso a los ojos de Dios.

"Desde el más pequeño hasta el más grande", declaró el Rebe Najmán, "es imposible llegar a ser un judío si no es mediante el *hitbodedut*" (Likutey Moharán II:100). La plegaria es el arma primordial del judío: cada palabra lo acerca a la victoria (*Ibid*. I:2).

El Discípulo Ideal

Incluso después de estudiar estas enseñanzas aún podemos seguir preguntándonos cómo llevarlas a cabo en la práctica. Dios es tan exaltado y tremendo: ¿Cómo se acerca uno a Dios y Le habla? ¿De *qué* habla uno?

Para ayudarnos a responder a estas preguntas nuestra mejor guía es el *Likutey Tefilot*, que otorga un detallado registro de cómo el discípulo más cercanos del Rebe Najmán siguió de hecho sus enseñanzas. De acuerdo al propio testimonio del Rebe Najmán, el rabí Natán lo comprendió mejor que todos los otros discípulos (*Tzadik* p.3, *Avenea Barzel* p. 24 #10 etc.) y él absorbió y llevó a cabo las enseñanzas de su maestro con todo el corazón.

El rabí Natán provenía de una familia pudiente. Nacido en 1780, fue criado en la ciudad ucraniana de Nemirov y llegó a ser un notable estudioso Talmúdico. Se casó con la hija de la distinguida autoridad halájica, el rabí Zvi Orbach. Con la controversia entre los jasidim y sus oponentes, los *mitnagdim*, en su pico más alto, el suegro del rabí Natán hizo todos los esfuerzos posibles para inculcarle la hostilidad hacia el modo jasídico. Sin embargo, la sed de guía espiritual e inspiración lo llevó a las cortes de varios líderes jasídicos - sólo para experimentar una amarga frustración.

Fue justo antes de las Grandes Festividades en 1802 que el Rebe Najmán se mudó a la ciudad cercana de Breslov. Pese a la fiera oposición por parte de su familia, el rabí Natán pronto fue a visitarlo y en un corto lapso supo que había encontrado a su mentor. El Rebe Najmán tenía entonces 30 años de edad y el rabí Natán 22.

Durante los siguientes ocho años, hasta el fallecimiento del Rebe Najmán en 1810, el rabí Natán absorbió y siguió sus enseñanzas, la mayor parte de las cuales transcribió de manera personal. De ahí en más el rabí Natán trabajó incesantemente imprimiendo y distribuyendo los escritos del Rebe Najmán, tratando sobre ellos con sus propios discípulos y explicándolos en profundidad en sus prolíficos escritos. El rabí Natán jugó un rol decisivo en el desarrollo y difusión de lo que llegó a ser el movimiento de Breslov.

Desde el comienzo mismo de su asociación, el Rebe Najmán le enseñó al rabí Natán el sendero de la plegaria personal. Al poco tiempo de conocerlo, el rabí Natán habló con el Rebe en privado y le abrió su corazón contándole sobre sus problemas y dificultades - la oposición que experimentaba por parte de su familia y los obstáculos que encontraba dentro de él mismo. El Rebe Najmán lo reconfortó y pasando el brazo por sobre sus hombros le dijo: "Más que esto, es muy bueno abrir tu corazón ante Dios de la manera en que hablas con un verdadero amigo".

Las palabras del Rebe Najmán penetraron en el rabí Natán como un fuego ardiente. Vio en un chispazo que ésa era la manera de alcanzar todo lo que necesitaba en su búsqueda espiritual. Le hablaría a Dios sobre sus pensamientos negativos y sobre todos los otros obstáculos que lo retenían y Le pediría que le mostrase amor y bondad y lo ayudase a llegar a ser un buen judío.

Inmediatamente después de ese encuentro el rabí Natán se dirigió directamente a una sinagoga vacía donde comenzó a hablarle a Dios. Más tarde, al volver a su hogar, sopesó cuidadosamente cuándo y dónde sería mejor expresarse delante de Dios sin ser molestado. De ahí en más estableció el hábito regular de hablarle a Dios sobre todo lo que le sucedía, clamando desde las profundidades de su corazón (*Kojvei Or* p. 13 #4).

Poco después de que el rabí Natán se volviese su discípulo, el Rebe Najmán explicó el significado del sendero del *hitbodedut* en un profundo discurso de Torá que trata sobre el significado último de la creación y el papel del judío en ella (*Likutey Moharán* 1:52). Al oír esa enseñanza el rabí Natán se sintió tan inspirado que quiso correr por las calles y por el mercado diciéndole a la gente, "¿Por qué no piensan en sus almas?". Pero el Rebe Najmán lo retuvo aferrándolo de su abrigo y le dijo: "Quédate aquí. No lograrás nada" (*Kojvei Or* p.19 #12).

Aun así, el rabí Natán siguió el sendero del *hitbodedut* de manera asidua y mucho después en su vida encontró maneras de comunicarle su poder y significado al mundo en general a través de sus numerosos discursos y especialmente a través del *Likutey Tefilot*. (Para una descripción detallada de la vida del rabí Natán ver su biografía, "*A Través del Fuego y del Agua*" [Breslov Research Institute]).

Transformando las Lecciones en Plegarias

"Lo más importante no es el estudio sino la práctica" (*Avot* 1:17). Al hacer esta afirmación nuestros Sabios querían dejar en claro que pese a toda su importancia, el sólo estudio de la Torá no es suficiente. El propósito primario del judío no es cultivar el intelecto por sí mismo sino llevar a cabo las enseñanzas de la Torá en la práctica, en las situaciones de la vida real. Ésta es la parte difícil. Para algunas personas es más fácil dominar miles de páginas del Talmud que cambiar un sólo mal hábito.

Esto es lo que le da a la plegaria su rol esencial para

aquellos que buscan seguir con sinceridad la senda de la Torá. La plegaria es llamada "el trabajo que hacemos en nuestros corazones" (*Taanit* 2a). Ello se debe a que después de estudiar Torá y descubrir lo que se *supone* que debemos hacer, el próximo paso es superar la oposición del *ietzer hará* y llevarlo a cabo.

Esto puede ayudarnos a comprender la enseñanza del Rebe Najmán de que uno debe transformar las lecciones de Torá en una plegaria:

"Después de estudiar o de oír una enseñanza de Torá proveniente de un verdadero Tzadik, se debe hacer una plegaria a partir de ello. Uno debe pedirle a Dios que lo ayude a alcanzar todo aquello tratado en la enseñanza. Debe decirle a Dios cuán lejos se encuentra de los niveles descritos en la lección y pedirle que lo ayude a alcanzarlos. Si utiliza su inteligencia y realmente desea la verdad, Dios lo guiará en el sendero de la verdad y comprenderá cómo encontrar palabras dulces y argumentos convincentes para persuadir a Dios de que lo lleve a servirlo genuinamente. Las conversaciones que tenemos con Dios se elevan a un lugar muy alto, especialmente cuando hacemos plegarias a partir de las enseñanzas de Torá: ello produce el deleite más grande en el Cielo" (*Likutey Moharán* II:25).

Likutey Tefilot

Después de dar esta lección, el Rebe Najmán le dijo al rabí Natán: "Sería muy bueno que escribieras las plegarias para ti" (*Sabiduría y Enseñanzas del rabí Najmán de Breslov* #145). El Rebe Najmán falleció en el año 1810. Durante los primeros años subsiguientes, el rabí Natán puso la mayor parte de sus esfuerzos en imprimir las obras más importantes del Rebe. Entonces, en 1815 se dispuso a cumplir con el deseo del Rebe y transformar sus lecciones en plegarias. El

Likutey Tefilot es el fruto de esa tarea.

El Rebe Najmán había enseñado el valor de tener una habitación privada para nuestras devociones, pero la única manera en que el rabí Natán pudo cumplir con ello fue construyendo una división en su cocina. Con su familia de un lado, el rabí Natán se sentaba del otro, estudiaba Torá y escribía sus plegarias y otras obras.

Las lecciones principales del Rebe Najmán están reunidas en el *Likutey Moharán* ("Colección de enseñanzas de Nuestro Maestro, rabí Najmán"). La obra se divide en dos partes, conteniendo un total de 411 enseñanzas de diferente extensión. Cerca de cien de ellas son discursos mayores que ocupan varias páginas. El rabí Natán compuso plegarias relacionadas con cada una de las lecciones mayores del *Likutey Moharán* al igual que sobre muchas enseñanzas más cortas. (Los índices del *Likutey Tefilot* y del *Likutey Moharán* muestran cuáles plegarias corresponden a cuáles lecciones y viceversa).

En su introducción al *Likutey Tefilot* (ver Parte II de este libro) el rabí Natán dice sobre la instrucción del Rebe Najmán de transformar las lecciones en plegarias:

"El Rebe nunca explicó exactamente qué quería decir con esto. Sin embargo a partir de diversas conversaciones inferimos que lo que decía era literal. Debemos tratar de estudiar cada una de sus tremendas y santas enseñanzas buscando comprender la guía *práctica* contenida en ellas...

"Habiendo extraído los puntos prácticos contenidos en una determinada lección, debemos entonces contemplarnos y ver cuán lejos nos encontramos de los niveles espirituales tratados allí. Debemos orar y pedirle a Dios una y otra vez que tenga compasión de nosotros y nos acerque constantemente a Él, hasta que finalmente podamos cumplir con toda la enseñanza. Debemos derramar muchas plegarias ante Dios por cada uno de los puntos individuales tratados en la enseñanza, rogarle que nos ayude a cumplir con ello a la perfección y alcanzar todos los niveles descriptos".

Así es exactamente como el rabí Natán compuso sus plegarias. Inicialmente las escribió para él mismo, de acuerdo con la recomendación del Rebe Najmán de que cuando una plegaria particularmente hermosa fluye en el *hitbodedut*, es una buena idea escribirla para poder decirla otra vez.

Después de cerca de dos años, el rabí Natán copió varias de sus plegarias y se las dio a algunos de los otros seguidores del Rebe Najmán. Viendo su gran poder y belleza, los otros jasidim presionaron al rabí Natán para que copiase el resto de sus plegarias para que ellos pudieran recitarlas después de estudiar las lecciones del Rebe. El rabí Natán estuvo de acuerdo. Aunque originalmente escribió sus plegarias en la primera persona del singular, al copiarlas cambió esto al plural (*Nevey Tzadikim* p.117).

La Impresión del *Likutey Tefilot*

En un comienzo el rabí Natán no pensó en imprimir las plegarias y distribuirlas de manera más amplia. La primera iniciativa de imprimirlas provino de su hijo, rabí Shajne: en 1821 imprimió una edición del *Tikún HaKlali* - los diez salmos que el rabí Najmán reveló como el "Remedio General" (ver *El Tikún del rabí Najmán*). Sin conocimiento de su padre, rabí Shajne incluyó la plegaria que el rabí Natán había compuesto para recitar después de los Diez Salmos. Sólo entonces el rabí Natán consideró imprimir sus otras plegarias.

Éstas fueron publicadas en etapas comenzando en el año 1822, cuando se imprimieron veintidós de ellas.

Ese año el rabí Natán dejó Rusia en viaje a la Tierra Santa. Al volver al año siguiente imprimió otras sesenta y dos plegarias. Luego, en 1827 sacó una nueva edición que constaba de dos partes, correspondientes a las dos partes del *Likutey Moharán*. Ésta contenía 158 de las 210 plegarias que tenemos hoy en día. Incluso mientras esa edición estaba siendo impresa el rabí Natán siguió componiendo las plegarias restantes. Éstas fueron impresas en un volumen separado en 1848. Toda la obra fue impresa en un solo volumen en 1876. Desde entonces ha aparecido en más de ochenta ediciones separadas y repetidas reimpresiones en muchos y diferentes formatos (*Nevey Tzadikim*, páginas 118-31).

Otra obra cercanamente relacionada al *Likutey Tefilot* es el *Likutey Tefilot veTajanunim* de un importante discípulo del rabí Natán, el rabí Najmán de Tcherin (m. 1894). Este último encontró que aunque el rabí Natán usualmente incluía en una plegaria todos los temas contenidos en el correspondiente discurso del *Likutey Moharán*, ocasionalmente algunos de los temas no eran tratados. De acuerdo a ello, el rabí Najmán de Tcherin escribió plegarias suplementarias sobre los temas faltantes al igual que sobre una cantidad de lecciones en el *Likutey Moharán*, *Sijot HaRan* y *Jaiei Moharán* no cubiertas por el rabí Natán.

El *Likutey Tefilot veTajanunim* fue publicado por primera vez en 1876. Ediciones recientes del *Likutey Tefilot* incluyen las adiciones del rabí Najmán de Tcherin. (En esta traducción los pasajes relevantes del *Likutey Tefilot veTajanunim* han sido introducidos en sus lugares apropiados dentro del texto de la plegaria del rabí Natán).

La Grandeza del *Likutey Tefilot*

Este breve resumen de la historia de la composición e impresión del *Likutey Tefilot* no da indicación alguna de las furiosas tormentas que rugieron alrededor del rabí Natán durante la mayor parte de su vida adulta. La oposición de su familia a su asociación con el Rebe Najmán sólo fue el comienzo. El Rebe Najmán mismo fue, durante su vida, el objeto de una amarga persecución por parte de aquellos que encontraban su irrefrenable pasión por la verdad como una amenaza para sus propios intereses. Entonces, luego de su fallecimiento en el año 1810, los jasidim de Breslov en general y el rabí Natán en particular se volvieron el blanco de lo que se transformó en una fanática campaña de odio en la cual sus oponentes, bajo el liderazgo de una prominente figura rabínica, no dejaron de apelar a medio alguno.

Desde mediados de 1820 en adelante la cultura de la Torá de los judíos de Rusia se encontraba bajo el pernicioso asalto del régimen zarista. Los enemigos del rabí Natán hicieron varios intentos para involucrar a las autoridades rusas. Su objetivo de hacer que lo ejecutasen o al menos lo enviasen al exilio se vio frustrado pero sí lograron hacer que lo arrestaran y lo consignaran a su ciudad natal durante varios años. Persuadieron a las autoridades de entrar en su hogar y confiscar sus escritos, incluyendo muchas plegarias. En más de una ocasión atacaron físicamente a los jasidim de Breslov y utilizaron el tradicional recurso del *jerem* -excomunión- en un intento por desanimar a los otros judíos para que no se asociaran matrimonialmente ni tuviesen trato económico alguno con ellos.

El dolor atravesaba el corazón del rabí Natán como un cuchillo. Pero mientras sus discursos de Torá, sus plegarias y cartas reflejan de diversas maneras sus amargas pruebas, su visión se mantuvo clara y su fe inalterable durante todo el tiempo. Lo vemos volviéndose constantemente a Dios, pero no encontramos una palabra de queja. La principal preocupación del rabí Natán no eran sus enemigos - pues incluso para el peor de ellos podía encontrar palabras de caridad. Su persecución, lejos de hacerlo caer, lo elevaba a alturas mayores de nobleza y de entrega a Dios. Lo que estaba cerca del corazón del rabí Natán eran las dificultades de sus hermanos y hermanas, el acosado pueblo judío. Si sólo pudiera revelarse la luz curadora del Tzadik.

"Que esto sea escrito para la generación futura y un pueblo que será creado alabará al Eterno" (Salmos 102:19). La búsqueda espiritual del rabí Natán había comenzado en sus primeros años. Desde el momento en que se unió al Rebe Najmán sufrió incesante obstáculos y desafíos desde dentro y desde fuera. Sus plegarias en el *Likutey Tefilot* nacieron ciertamente de esas luchas. Pero éstos no son los ruegos de una persona que pide alivio y una vida confortable. El clamor del rabí Natán es para que Dios lo eleve y lo lleve a Su servicio. Esto es lo que hace de estas plegarias un legado para todo el pueblo judío: son las plegarias de cada alma, anhelando la radiante alegría de la cercanía a Dios.

Después de que el rabí Natán imprimió el *Likutey Tefilot*, los jasidim le dijeron: "Tú eres apto para ser el Señor de la Plegaria" (el héroe del cuento del Rebe Najmán denominado El Señor de la Plegaria - ver *Los Cuentos del Rabí Najmán*). "No", replicó el rabí Natán, "el Rebe mismo es el Señor de la Plegaria. Pero yo soy también uno de los hombres del Rey, yo soy el Poeta del Rey, pues puedo encontrar mérito incluso en alguien que ha transgredido toda la Torá ochocientas veces" (*Siaj Sarfei Kodesh* I:591).

Uno de los argumentos de los oponentes del Rabí Natán era que para componer las plegarias uno debía tener *rúaj hakodesh* - una inspiración sagrada. En verdad, el rabí Natán demuestra en su Introducción al *Likutey Tefilot* que no es necesario el *rúaj hakodesh*). Por otro lado, el rabí Najmán de Tulchin, otro de los más importantes discípulos del rabí Natán, relató que cierta vez el rabí Natán estaba orando en la tumba del Rebe Najmán y recitó una de las plegarias del *Likutey Tefilot* (II:36). Luego, cuando se estaba yendo, dijo en un tono de sorpresa: "Ellos [los *mitnagdim*] preguntan si las plegarias contienen *rúaj hakodesh*. En verdad éstas son superiores al *rúaj hakodesh*. Provienen de la Puerta Número Cincuenta" (*Kojvei Or* p.77 #25).

El rabí Natán dijo que mucha gente ya había alcanzado el Gan Edén a través de sus plegarias (*ibid.*). Les dijo a sus propios discípulos que debían recitarlas regularmente y una vez aclaró: "Ahora que estas plegarias han llegado al mundo la gente tendrá que rendir cuentas por cada día en el que no las recitó".

En su Introducción al *Likutey Tefilot* el rabí Natán escribe lo siguiente:

"Todo aquel que quiera tomar el consejo del Rebe y seguir el sendero de la plegaria para la vida eterna ciertamente encontrará plegarias muy satisfactorias en esta, nuestra obra. No existen otras plegarias en el mundo en las cuales uno pueda encontrarse a sí mismo de la manera en que lo puede hacer en estas plegarias. Ellas cubren todas las facetas del carácter y de la personalidad humana y cada aspecto de la vida, como podrás ver por ti mismo. Afortunada la persona que las recite de manera regular".

II: Sugerencias para el uso del *Likutey Tefilot*

Alguien le preguntó cierta vez al rabí Natán por qué había agregado una plegaria para ser dicha después del recitado de los Diez Salmos instituidos por el Rebe Najmán como el *Tikún HaKlalí*, el Remedio General. El rabí Natán replicó: "Yo compuse la plegaria para mí y todo aquel que quiera decirla porque siente que algo le falta y necesite hacerlo, que lo haga" (*Siaj Sarfei Kodesh* II:632).

Lo mismo puede aplicarse a todas sus plegarias en el *Likutey Tefilot*. El rabí Natán no tuvo la intención de obligar a nadie a decirlas. Simplemente se las ofreció a la gente que sentía que decirlas enriquecería su vida espiritual. El *Likutey Tefilot* es una obra a la cual uno se dirige cuando tiene anhelo de llegar a Dios pero no sabe exactamente qué decir. Es un libro para recurrir en momentos de tranquilidad en el hogar, en la oficina, en un parque tranquilo, en el campo...

Es posible que alguien quiera leer una página o dos por la noche antes de irse a dormir. Alguna gente tal vez quiera tener el *Likutey Tefilot* con ella en la sinagoga para momentos en los cuales sienta que necesita agregar algo a las plegarias establecidas. Aquellos que comprenden el poder único del *Likutey Tefilot* querrán hacerse el hábito de recitar una porción cada día, así sea después del orden de las plegarias, después de un periodo de estudio de Jasidut o Musar, etcétera, o en algún otro momento.

¿Es necesario recitar una plegaria completa?

No hay necesidad de sentir que uno sólo debe abrir el *Likutey Tefilot* si tiene la intención de recitar una plegaria completa. Es correcto recitar porciones más cortas de las plegarias si sólo se tiene ese momento o la inclinación de hacerlo.

Sin embargo, hay un gran valor en recitar las plegarias en su totalidad cuando ello es posible. Cada una de las plegarias del rabí Natán es un todo orgánico cuidadosamente estructurado, que explora un conjunto completo de sentimientos y anhelos espirituales en relación a su tema. Tomarse el tiempo de recitar una plegaria completa desde el comienzo al final puede ser una poderosa manera de conectarse con Dios.

Improvisando

Es absolutamente correcto intercalar plegarias privadas elaboradas con palabras propias dentro de la estructura de las plegarias del rabí Natán. Donde corresponda a los temas de la plegaria, alguno probablemente desee improvisar y agregar su propia plegaria personal y sus propios pedidos o agregar referencias a factores específicos en su propia vida y entorno, orar por miembros particulares de su familia, amigos y conocidos, etcétera.

Dónde comenzar

Leer el *Likutey Tefilot* desde el comienzo hasta el final no es necesariamente la mejor aproximación para aquellos que se acercan a este texto por primera vez. Cada plegaria se centra en sus propios temas específicos algunos de los cuales pueden estar más relacionados con las necesidades presentes de la persona que otros. Una manera de comenzar puede ser abrir el libro de manera azarosa y leer aquello que llame la atención. Si la plegaria que se está leyendo no parece dirigirse a la situación en la que uno se encuentra puede pasar a otra cosa.

Una de las mejores maneras de acercarse al *Likutey Tefilot* es recitar las plegarias que tratan de los temas que son más significativos para uno - por ejemplo, apego a Dios, salud, sustento, estudio de la Torá, unión con los Tzadikim, tzitzit, tefilín, etcétera. Antes del Shabat y de las festividades o en cualquier otra época del año, recitar las plegarias que se centran en esos temas puede enriquecer enormemente la experiencia espiritual de esas ocasiones.

* Índice de Tópicos

Para encontrar las plegarias que tratan sobre los temas en los cuales uno esté interesado se puede consultar el Índice de Tópicos. Ésta es una lista en orden alfabético de todos los temas principales tratados en las plegarias de este volumen. Se debe consultar este índice para encontrar cuál plegaria trata de los temas sobre cuales uno desea orar. Si no se puede encontrar un tema específico en esta lista quizás se pueda pensar en un sinónimo o idea relacionada que sí esté incluida.

El hecho de que varias plegarias se encuentren asociadas bajo un tópico particular de la lista no significa que ese tema sea central de todas las plegarias. En algunas puede ser así y en otras puede ser subsidiario al tema principal.

* Lista de Tópicos en cada plegaria

Cada plegaria se encuentra encabezada por una lista de los tópicos principales que contiene. Nota: los temas no están necesariamente ordenados tal cual aparecen en la plegaria ni tampoco la lista indica cuáles son los temas centrales de esa plegaria y cuáles son temas subsidiarios.

• Sinopsis de las Lecciones del *Likutey Moharán*

Es importante recordar que cada una de las plegarias del rabí Natán en el *Likutey Tefilot* se basa en una de las lecciones del Rebe Najmán que se encuentran en la colección principal de sus enseñanzas, el *Likutey Moharán*. La estructura de cada plegaria y la manera en que se desarrollan sus temas están íntimamente relacionadas con el tratamiento que hace el Rebe Najmán en la lección correspondiente.

No es necesario haber estudiado la lección relevante antes de recitar la plegaria. Sin embargo, como una ayuda para los lectores que no están familiarizados con las lecciones en el *Likutey Moharán*, se ha agregado una sinopsis al comienzo de cada plegaria. La sinopsis es una guía de la manera en la cual están explicados y desarrollados en la lección original del Rebe Najmán los conceptos más importantes que se encuentran en la plegaria y cómo deben comprenderse las ideas fundamentales.

Si hay un tema en especial sobre el cual se desee orar, recurriendo a la plegaria que se encuentra en la lista del Índice de Tópicos, se podrá referir a la sinopsis de la lección correspondiente impresa al comienzo de la plegaria para comprender cómo el tema en el cual uno está interesado es tratado en la plegaria en cuestión.

• Subtítulos de las Secciones

Se han introducido subtítulos en las plegarias más largas para indicar transiciones en el desarrollo de la plegaria o la introducción de un tema nuevo. Si uno está interesado en encontrar dónde se presenta un tema en particular en una plegaria, será posible hallarlo buscando el subtítulo que introduce ese tema. Sin embargo, no todos los temas de cada plegaria están introducidos por sus propios subtítulos.

Otras sugerencias para la utilización del *Likutey Tefilot*

• **Trabajando sobre uno mismo**

Si uno está interesado en trabajar sobre algunos aspectos particulares en su relación con Dios, tal como un rasgo de carácter o una mitzvá especial, etcétera, podrá buscar todas las plegarias del *Likutey Tefilot* que tratan con ese tema y abocarse a recitarlas todas.

Si se encuentra una plegaria en particular o una sección de la plegaria que parece expresar muy bien lo que uno desea decir, se la podrá recitar de manera regular - todos los días o algunas veces durante la semana, etcétera. Repetir la plegaria una y otra vez puede ayudarnos a percibir la gran profundidad y poder del *Likutey Tefilot*.

• **Orando en conjunción con el estudio**

No importa qué área de la Torá se esté estudiando, es posible encontrar plegarias en el *Likutey Tefilot* que puedan ayudarnos a cumplir con lo que allí se enseña. Aquellos que estudian el *Likutey Moharán* posiblemente quieran recitar las plegarias del *Likutey Tefilot* que corresponden a las lecciones que están estudiando. Fue el deseo del Rebe Najmán que transformásemos sus lecciones en plegarias para alcanzar los niveles espirituales que allí se tratan y es por ello que fue escrito el *Likutey Tefilot* (ver más arriba, Transformando las Lecciones en Plegarias).

El *Likutey Tefilot* no fue escrito obviamente para servir como un mero comentario al *Likutey Moharán*, pero viendo la manera en que el rabí Natán desarrolla en la correspondiente plegaria los temas de una lección dada arroja mucha luz sobre las intenciones del Rebe Najmán en esa lección. Las veinte plegarias de este volumen del *Likutey Tefilot* corresponden a las primeras veinte lecciones del *Likutey Moharán* las cuales han sido publicadas en su traducción al español por el Breslov Research Institute (*Likutey Moharán*, volúmenes I-III).

Likutey Tefilot e *Hitbodedut*

El Rebe Najmán enseñó que además de recitar el orden de plegarias de los servicios diarios, todos deberían adoptar la práctica de pasar una hora en plegaria privada, con sus propias palabras y en la lengua materna. Esta práctica es denominada *hitbodedut*, que literalmente significa "aislarse" (ver más arriba, El Poder de la Plegaria).

El *Likutey Tefilot* es una guía invaluable sobre cómo acercarse a Dios y hablarle sobre nuestros temas personales. Recitar pasajes de las plegarias del rabí Natán puede ser una fuente de inspiración para nuestras propias sesiones de *hitbodedut*. Sin embargo, no debemos dejar que el recitado de las plegarias del *Likutey Tefilot* se transforme en un sustituto de nuestro propio *hitbodedut*.

Después de tratar sobre el valor de sus plegarias en la Introducción al *Likutey Tefilot*, el mismo rabí Natán agrega:

"Si bien 'es bueno aferrarte a esto [es decir, recitar las plegarias], no debes dejar que tus esfuerzos flaqueen en lo otro' (Eclesiastés 7:18) es decir, tus propias plegarias privadas. Cada día debes hablarle a Dios con tus propias palabras y en tu idioma natal y expresar todo lo que hay en tu corazón, tal cual está tratado tantas veces en las obras del Rebe. Debes componer tus propias plegarias a partir de las enseñanzas de Torá, pues es imposible poner por escrito todas las diferentes cosas que cada persona necesita, especialmente en vista de los constantes cambios que sufre la gente".

En una carta a su hijo, el rabí Itzjak, el rabí Natán escribe:

"Con respecto a lo que has escrito sobre tu práctica de estudiar las obras del Rebe y recitar luego la correspondiente plegaria [del *Likutey Tefilot*], esto es excelente. Pero también deseo mucho que te hagas el hábito de hablarle a tu Hacedor en tus propias palabras, en tu propio idioma. Haz tus propias plegarias en base a las lecciones del Rebe…" (*Alim liTerufá* #9).

"Y quiera HaShem oír nuestro clamor, escuchar nuestra voz y atender a nuestras oraciones, ayudándonos en la plegaria y en la súplica, en todo momento, tanto con las plegarias establecidas y escritas como con aquellas que cada uno de nosotros debe decir con sus propias palabras a partir de su propio corazón, tal como el Rebe nos dijo tantas veces. Esto es lo más importante, tal cual está tratado muchas veces en sus obras sagradas. De esta manera, con la ayuda y favor de Dios, retornaremos a Él, genuinamente y de todo corazón, hasta que podamos ascender y unirnos con Él en la luz del Infinito, 'para contemplar lo agradable de HaShem y visitar Su palacio' (Salmos 37:4).

"En mérito a nuestras plegarias Dios nos enviará a nuestro recto Mashíaj, pronto y en nuestros días, pues la plegaria es el arma principal del Mashíaj, tal cual está explicado en la lección 'Habla a los sacerdotes' (*Likutey Moharán* I:2). Debemos persistir con estas plegarias y súplicas no importa lo que suceda, hasta que HaShem contemple desde los Cielos y vea y 'nos restaure después de dos días [las dos destrucciones] y nos eleve el tercer día [la reconstrucción del Tercer Templo] y vivamos por siempre ante Él' (Hoshea 6:2) para andar delante de HaShem a la luz de la vida. Amén. Amén".

III: La Diferencia entre un Corazón Quebrantado y la Depresión

"El sacrificio de Dios es un espíritu quebrantado; Dios no dejará de lado un corazón quebrado"(Salmos 51:19)

"Luego de un corazón quebrantado viene la alegría"
(*Sabiduría y Enseñanzas del Rabí Najmán de Breslov* #45)

E l Rebe Najmán comienza su cuento "El Señor de la Plegaria" (*Los Cuentos del Rebe Najmán* pág.149) relatando que el héroe de la historia, el Líder de la Plegaria vivía lejos de la civilización pero solía visitar las áreas habitadas de manera regular. Allí trataba de persuadir a la gente de que el único y verdadero propósito de la vida era servir a Dios, pasando los días en plegaria y en canciones de alabanza. Cada vez que alguien deseaba unírsele, él lo llevaba al lugar que había elegido, lejos de la civilización, donde las únicas actividades eran la oración, el canto de alabanza a Dios, la confesión, el ayuno, la automortificación, el arrepentimiento y ocupaciones similares. Al concluir la descripción de su vida, el Rebe Najmán nos dice que "para la gente atraída a Dios por el Líder de la Plegaria, el ayuno y la automortificación eran mejores y más valiosos que todo el disfrute del mundo".

En verdad, el Rebe Najmán se oponía al ayuno y a la automortificación física, que consideraba innecesarias. Enseñó que todo puede alcanzarse a través de la plegaria (ver *Sabiduría y Enseñanzas del Rabí Najmán de Breslov* #185, *Tzadik* #491, #492 y *Expansión del Alma*, Introducción, en el libro *Meditación, Fuerza Interior y Fe*). Pero a juzgar por las plegarias del rabí Natán en el *Likutey Tefilot*, la automortificación espiritual parece haber tenido un papel predominante en el sendero de la plegaria enseñado por el Rebe Najmán. Una y otra vez encontramos al rabí Natán haciendo extensas confesiones de sus pecados, en general en los términos más denigrantes.

"Mira mi bajeza y degradación. ¿Fue para esta vida fútil que Tú me creaste? Siento que soy totalmente indigno de ser llamado una persona..." (*Likutey Tefilot* I:6). "¿Cómo puedo hablar delante de Ti, pobre siervo como soy?... He pecado, he transgredido y me he rebelado, haciendo aquello que es malo a Tus ojos... Yo, la criatura más baja de todas, una gota pútrida, un montículo de tierra, una mota de polvo, me he rebelado contra el Dios del Universo, bendito sea Su Nombre por siempre" (*ibid.* I:4). Sería muy fácil encontrar numerosos pasajes en una vena similar.

Incluso para aquellos deseosos de hacer el esfuerzo de comprender el sendero de la plegaria del rabí Najmán puede serles difícil evitar el sentimiento de que hay algo mórbido en este aparente solazarse en las propias frustraciones y errores. ¿No hay algo depresivo en ello? ¿Cómo cuadra esto con la famosa frase del Rebe Najmán "Es una gran mitzvá estar siempre alegres" (*Likutey Moharán* II:24)? ¿Acaso no se supone que debemos tener siempre un estado mental positivo? Si el *hitbodedut* es el sendero para la felicidad más grande, ¿por qué parece incluir tanta negatividad?

Para comenzar a responder a estas preguntas, debemos recordar que el propósito del *hitbodedut* es profundizar nuestro apego a Dios. No es suficiente con saber intelectualmente que hay un Dios. Debemos llevar el conocimiento de Su presencia hacia nuestros corazones - poner a HaShem delante de nosotros, constantemente y buscar conocerlo en todos nuestros caminos. Pero sólo hace falta un momento de reflexión sobre la tremenda grandeza y majestad del Dios Infinito para quedar sobrecogidos por el sentimiento de fragilidad e insignificancia del hombre. Cuánto más aún cuando uno se vuelve a Dios en el *hitbodedut* diariamente, trabajando para mantener la relación con Dios constantemente en nuestra mente. Uno no puede dejar de sentirse profundamente consciente de su propia pequeñez, de la debilidad humana y de la total dependencia de Dios que uno tiene para todas las cosas de la vida.

La clave para el *hitbodedut* es la verdad: reconocer la verdad de nuestra situación en esta vida y penetrar en la verdad de nuestros corazones. La única manera de hacerlo es mediante el coraje de someternos a un cuidadoso y honesto autoexamen. Debemos juzgarnos a nosotros mismos (*ibid.* I:15). ¿Cuán conscientes somos de Dios? Dado que constantemente estamos ante Su presencia, ¿acaso nos comportamos de la manera adecuada? ¿Acaso vivimos nuestras vidas como Dios quiere que lo hagamos?

El Rebe Najmán enfatiza el hecho de que debemos juzgarnos de manera positiva para, de esa manera, volcar la balanza de la justicia hacia el lado del mérito (*ibid.* I:282). Pero ello no quiere decir que debamos cerrar los ojos a la negatividad que existe en nuestro interior. Ello sería un autoengaño. Si bien debemos buscar el bien en nosotros mismos, también debemos examinar los rasgos y actividades que nos mantienen lejos de Dios. Esto significa enfrentar nuestros pecados.

Evocando los comienzos del despertar espiritual y de la autocomprensión, el Rebe Najmán dice: "Uno debe 'hablar con la verdad [que está] en su corazón' (*ibid.* 15:2). Así comienza a hablar con el calor en su corazón - la verdadera palabra en su corazón. Y cuando la persona le habla a Su Creador con las verdaderas palabras en su corazón, despertando al arrepentimiento, y se vuelve consciente y reconoce sus propias faltas y la grandeza del

Creador -pues hasta ahora no había tomado en cuenta sus pecados ni había pensado en ellos, ahora que lo reconoce- entonces se llena de una gran vergüenza por haber transgredido seriamente en contra del Señor, Gobernante, Esencia y Raíz de todos los mundos...

"Cuanto más cerca esté del rey, mayor será su vergüenza. Y cuanto más consciente sea de la gloria del rey, más vergüenza sentirá delante del rey. Pero antes del arrepentimiento, su conciencia aún está limitada y como resultado su vergüenza no se manifiesta en su rostro. Pues los pecados embotan su intelecto y su conciencia, debido al espíritu de locura que lleva dentro. Como enseñaron nuestros Sabios: La persona sólo peca cuando se ve dominada por un espíritu de locura (*Sotá* 3a). Sin embargo, después, cuando se arrepiente completamente y se libera de la locura -de modo que crece su intelecto- entonces se avergüenza extremadamente y la vergüenza se refleja en su rostro..." (*Likutey Moharán* I:38).

Si las dolorosas confesiones en el *Likutey Tefilot* nos hacen sentir incómodos, parte del motivo puede ser que nosotros mismos aún nos sentimos inclinados a arrojar nuestros pecados "a nuestras espaldas" sin querer contemplarlos en detalle. De modo subliminal, somos conscientes de que hay mucho en nosotros y en nuestro pasado con lo que aún debemos tratar y es posible que aún no queramos hacerlo.

Pero hasta que no confrontemos nuestros pecados, ellos seguirán teniendo poder sobre nuestras personalidades y comportamientos, en general de maneras de las cuales somos vagamente conscientes. El Rebe Najmán expresa esto al decirnos que "los pecados cometidos por la persona están grabados sobre sus mismos huesos (cf. Ezequiel 32:27). Los pecados mismos se vengan de la persona, impidiendo que se acerque a Dios. Pero cuando la persona se confiesa, toda la acumulación del mal grabado en sus huesos se libera y todos sus pecados son perdonados, obteniendo la expiación" (*Likutey Moharán* I:4).

El Rebe Najmán enseñó que debemos hacer diariamente una evaluación espiritual - éste es uno de los aspectos principales del *hitbodedut*. "Respecto de aquellas acciones cometidas en contra de la voluntad de Dios, consagra un momento cada día para aislarte delante de Dios con un corazón quebrantado. Con un corazón quebrantado, pero no te deprimas, ni siquiera durante esa hora. El resto del día debes pasarlo con alegría" (*Sabiduría y Enseñanzas del Rabí Najmán de Breslov* #43).

Es sólo luego de que nos confrontamos con nosotros mismos con honestidad en el *hitbodedut* que podemos estar alegres el resto del día, sabiendo que nos hemos "limpiado" ante Dios y que no estamos tratando de alejarnos de la verdad. Dios está lleno de bondad y de compasión. Pero ésas son cualidades que sólo podemos experimentar cuando nos encontramos ante Él con honestidad. La única manera de hacerlo es reconociendo primero los pecados que nos han alejado de Dios.

El Rebe Najmán se ocupó de distinguir entre el corazón quebrantado y la depresión: "Un corazón quebrantado no está relacionado de manera alguna con la tristeza y la depresión... La depresión proviene del lado del mal y es odiada por Dios. Pero un corazón quebrantado es muy querido y valioso para Dios". [Cf. Salmos 51:19: "El sacrificio de Dios es un espíritu quebrantado; Dios no dejará de lado un corazón quebrado"].

"Sería muy bueno que la persona estuviese con el corazón quebrantado todo el día. Pero para la persona común esto puede fácilmente llevar a la depresión. Por lo tanto debes establecer un tiempo cada día para quebrar el corazón. Debes aislarte con un corazón quebrantado delante de Dios durante un tiempo específico. Pero el resto del día debes estar alegre" (*Sabiduría y Enseñanzas del Rabí Najmán de Breslov* #41).

El Rebe Najmán define la diferencia entre la depresión y el corazón quebrantado como sigue: "La depresión se asemeja a la ira y a la cólera, es como una queja delante de Dios por no satisfacer nuestros deseos. Pero la persona con el corazón quebrantado es como un niño reclamando delante de su padre. Es como un infante llorando y gimiendo porque su padre se encuentra lejos" (*ibid.* #42). En otro momento dijo el Rebe: "Cuando tienes el corazón quebrantado puedes estar rodeado de gente y aun así darte vuelta y decir 'Señor del Mundo'..." (*ibid.* #31).

"Luego de un corazón quebrantado viene la alegría" (*ibid.* #45). No debemos imaginar que el rabí Natán vivía en un constante estado de tristeza y de culpa. A lo largo de sus plegarias en el *Likutey Tefilot* lo vemos pedirle a Dios con audacia y determinación que lo eleve, confiando en que Él lo ayudará y responderá a sus plegarias. También debemos recordar que lo que leemos en el *Likutey Tefilot* refleja al rabí Natán en sólo una parte del día - durante el *hitbodedut*, el tiempo en el cual dijo el Rebe Najmán que *debíamos* quebrar nuestros corazones. El resto del tiempo el rabí Natán vivía de manera positiva y alegre, como podemos comprobar a partir de las muchas historias sobre su vida. Era un hombre de extraordinario celo, de actividad y dedicación. Estaba constantemente ocupado - escribiendo, imprimiendo, publicando, viajando, enseñando... Sólo pudo hacer lo que hizo mediante un pensamiento positivo y con alegría.

El rabí Natán hubiera sido el primero en decir: no te deprimas. Cierta vez alguien se le acercó y le dijo que cada vez que estudiaba el famoso texto de musar, el *Reshit*

Jojmá, se deprimía. El rabí Natán le respondió: "El autor del *Reshit Jojmá* nunca tuvo la intención de que te deprimieras por su trabajo. Si no puedes estudiar su obra sin deprimirte estudia entonces alguna otra cosa" (*Siaj Sarfei Kodesh* 1-601).

Con seguridad el rabí Natán hubiese dicho lo mismo sobre aquellos que encuentran deprimentes partes de su propio *Likutey Tefilot*. Esto no fue con seguridad su intención. Pero si ello sucede, ¡cambia hacia algo más positivo!

IV: Criterios utilizados en esta traducción

El estilo del rabí Natán

El rabí Natán era un experto del lenguaje: el original hebreo del *Likutey Tefilot* es una obra de notable elocuencia y belleza. Pocos pueden quedar indiferentes ante el fluir de las plegarias del rabí Natán, cuando derrama los sentimientos y anhelos más internos de un buscador de Dios con una sinceridad que atrae al lector de manera casi imperceptible hasta que, antes que pueda darse cuenta, las lágrimas caen por sus mejillas y su corazón se abre.

Las plegarias usualmente comienzan con una sucesión de invocaciones y descripciones de Dios que dan de una sola vez un poderoso sentimiento de la tremenda majestad de Su presencia. Éstas están en general acompañadas por varios versículos bíblicos elegidos debido a la profunda expresión que les dan a los temas principales de la plegaria.

Entonces, mientras el rabí Natán desarrolla sus temas, elaborando sus argumentos, sus confesiones, sus ruegos y pedidos, a cada momento clama por el amor y la misericordia de Dios. Una y otra vez repite tales epítetos como *rajum ve-janun*, "amoroso y gracioso", *Avi she-ba-shamaim*, "mi Padre en el Cielo" y demás. Con cada pedido apela a Dios para que le responda *be-rajameja ha-merubim u-ve-jasadeja ha-atzumim* - "en Tu abundante bondad y Tu tremenda misericordia" y así en más. Para hacer que se comprenda su idea, el rabí Natán utiliza el amplio rango y poder de la lengua hebrea, exponiendo toda la gama de lo que desea expresar en una multiplicidad de términos y frases, sin desequilibrar nunca sus largas y nobles frases.

Todo el corpus de la literatura bíblica y de la liturgia

de la sinagoga -plegarias, *slijot, piutim,* etcétera- estaba al alcance del rabí Natán. Con la mayor gracia, entreteje palabras, frases y versículos enteros dentro de la trama de sus plegarias al igual que frases y afirmaciones rabínicas tomadas del Talmud, del Midrash y del *Zohar,* junto con frases e ideas del *Likutey Moharán* del Rebe Najmán y de sus otras obras.

¿Cuán cerca se encuentra del hebreo esta traducción?

El elocuente hebreo del rabí Natán le presenta al traductor problemas extremadamente difíciles. Su estilo está tan alejado del lenguaje contemporáneo que una traducción literal sería casi ilegible. Incluso una traducción menos literal pero dedicada a seguir cada giro de cada frase, apegándose a una representación fiel de cada frase y aspecto del original sería tortuosamente compleja y abarrotada.

Esta obra no tiene el propósito de ser una traducción erudita definitiva del *Likutey Tefilot.* Su propósito primario es permitir que el buscador espiritual contemporáneo pueda *decir* las plegarias del rabí Natán con sentido y significado. Para ello se consideró apropiado apuntar a un texto que pudiera ser leído de manera clara y fácil. Se han hecho todos los esfuerzos para reflejar el contenido completo y el espíritu del original. Pero frecuentemente hubo necesidad de parafrasear las palabras del rabí Natán y presentarlas de manera indirecta en lugar de traducirlas directamente. En muchos lugares se ha considerado mejor omitir algunos de los epítetos e invocaciones reiterados y ofrecer una sola palabra donde en hebreo había una serie de sinónimos.

Todo aquel que conozca el original podrá comprobar fácilmente dónde han entrado en la traducción factores de interpretación personal. Esto es inevitable en un trabajo de esta naturaleza. Sin lugar a dudas, la única manera de experimentar el auténtico poder y riqueza del *Likutey Tefilot* es leyendo las plegarias en el original.

Aquí presentamos una lista de las principales diferencias entre esta traducción y el hebreo original:

1. Primera persona del plural puesta en singular

Parece que cuando el rabí Natán escribió sus plegarias para él mismo lo hizo en primera persona del singular, pero al copiarlas para los otros jasidim las cambió del singular al plural. Sin embargo nuestro texto del *Likutey Tefilot* no es consistente en este respecto: frecuentemente las plegarias oscilan entre el singular y el plural sin razón aparente. Para esta traducción se decidió utilizar la primera persona singular excepto en lugares donde el rabí Natán ofrece claramente una plegaria para todo el pueblo judío.

2. Frases y Párrafos

Las frases del rabí Natán son en general largas y complejas. En el idioma contemporáneo la preferencia es el uso de frases cortas y simples. Por este motivo y en aras de la claridad las largas frases del rabí Natán se han dividido en general en una sucesión de frases más cortas.

En las ediciones completas en hebreo del *Likutey Tefilot* los párrafos son muy largos. Nuevamente, la preferencia actual es utilizar párrafos más cortos lo cual ha sido seguido en la presente traducción.

En el hebreo original no hay subtítulos de las secciones. Los hemos introducido en esta traducción para indicar un cambio en el tema o hacer que los cambios sean menos abruptos. Cada cambio de tema está indicado por un subtítulo.

3. Eliminación de frases repetitivas y sinónimos

Como se mencionó más arriba, el rabí Natán invoca repetidamente varios de los nombres de Dios y epítetos Divinos tales como *rajum ve-janun*, etcétera. Éstos son de uso en hebreo pero traducir diligentemente cada uno de ellos hubiera generado un texto abarrotado y confuso que habría alejado a la mayoría de los lectores. Muchas de esas invocaciones y epítetos han sido por lo tanto omitidas en esta traducción al igual que un número de otras frases frecuentemente repetidas y muchas palabras conectivas en hebreo tales como *al ken, u-ve-jen, she-ne-emar, kemo she katuv* y demás, que parecen redundantes fuera del hebreo.

Manteniéndose en el estilo del hebreo bíblico y del libro de plegarias, el rabí Natán frecuentemente se expresa con una multiplicidad de términos y de frases. En muchos casos, tratar de traducir siquiera una de estas frases hubiera resultado en poco más que una sucesión de sinónimos sin agregar nada al contenido real de la plegaria y confundiendo innecesariamente al lector. En tales lugares se ha considerado preferible dar un solo y simple equivalente.

4. Palabras y conceptos que no tienen un equivalente directo en nuestro idioma

Una gran cantidad de palabras y conceptos hebreos desafían todo esfuerzo por encontrar un equivalente simple y natural en nuestro idioma. Un ejemplo es un concepto central del *Likutey Tefilot* que aparece en diferentes formas y numerosas veces: es el concepto de *zejut*, traducido en general como "mérito". El buscador espiritual anhela poder ser *zojé* de tal y tal nivel; al pedir que se le otorgue un particular nivel le pide a Dios: *tezake oti*... ¿Cómo pueden traducirse estas palabras? ¿"Pueda merecer tal y tal"? ¿"Hazme digno de tal y tal"? El sentimiento puede sonar piadoso pero ¿es realmente natural en nuestro idioma?

La idea subyacente a *zejut* parece ser el logro de un nivel que Dios otorga por amor después de que el buscador espiritual ha hecho lo mejor posible para trabajar por ello mediante un constante esfuerzo de autopurificación. ¿Pero existe una palabra simple o una frase que pueda expresar todo esto?

Hay muchos otros conceptos hebreos que presentan problemas similares. A lo largo de esta traducción se han hecho todos los esfuerzos para producir un texto que le haga justicia a lo que el rabí Natán está diciendo y que aun así pueda leerse de manera simple y natural. Esto ha requerido de muchas paráfrasis.

5. Transliteraciones

Todas las transliteraciones de las palabras hebreas han sido hechas utilizando la pronunciación en Ivrit. Esto incluye los nombres de los personajes bíblicos. De ahí: Itzjak, Iaacov y Moshé en lugar de Isaac, Jacobo y Moisés. Uno de los nombres de Dios utilizados en la traducción es HaShem, que significa literalmente el Nombre.

6. Traducción de los Versículos Bíblicos

El rabí Natán cita a veces un versículo bíblico cuya relevancia para la plegaria no es evidente a partir del significado literal aparente del versículo sino que surge de su significado de acuerdo a la interpretación rabínica. En tales casos la interpretación rabínica ha sido incorporada en la traducción del versículo en el texto.

No se han dado fuentes de referencia para los versículos bíblicos ni las enseñanzas rabínicas provenientes del Talmud, del Midrash, etcétera, dado que se consideró que ello sería una distracción innecesaria para aquellos lectores que desearan recitar las oraciones del rabí Natán como plegarias.

7. Alusiones

El rabí Natán hace referencia ocasionalmente a algún concepto que es en sí incomprensible sin un conocimiento previo de la Kabalá o de la tradición rabínica. Se consideró que las notas a pie de página serían inapropiadas en una obra de esta naturaleza pero, donde fue posible, se agregaron algunas palabras explicativas dentro de la traducción.

Todas las plegarias del rabí Natán en el *Likutey Tefilot* están construidas a partir de las lecciones del *Likutey Moharán* del Rebe Najmán y muchos de los conceptos que se encuentran en las plegarias sólo son comprensibles en relación a las explicaciones del Rebe Najmán en la correspondiente enseñanza. Cada plegaria está acompañada de una sinopsis de la correspondiente lección en el *Likutey Moharán*. Su intención no es ser una síntesis de la lección como tal sino más bien una guía de la manera en la cual los conceptos fundamentales que se encuentran en la plegaria del rabí Natán se relacionan uno con el otro, cómo deben comprenderse las ideas claves y cómo están explicadas y desarrolladas en la lección original del Rebe Najmán.

8. Tefilot veTajanunim

El rabí Najmán de Tcherin (m. 1894), que fue uno de

los más notables discípulos del rabí Natán, encontró que aunque el rabí Natán usualmente incluía en una plegaria todos los temas contenidos en la correspondiente lección del *Likutey Moharán*, ocasionalmente no cubría algunos de sus temas. De acuerdo con ello el rabí Najmán de Tcherin escribió plegarias suplementarias sobre los temas faltantes al igual que sobre muchos de los discursos en el *Likutey Moharán* no tratados por el rabí Natán. Estas fueron publicadas en una obra denominada *Likutey Tefilot veTajanunim*.

Ediciones recientes en hebreo del *Likutey Tefilot* han incluido los agregados del rabí Najmán de Tcherin para cada plegaria al pie de la página relevante. En esta traducción, los pasajes relevantes han sido introducidos en sus lugares apropiados dentro del texto de la plegaria del rabí Natán.

V: El Poder de la Plegaria

Enseñanzas Rabínicas

Dijo el rabí Elazar: La plegaria es más grande que las buenas acciones... La plegaria es más grande que los sacrificios. Dijo el rabí Janina: Todo aquel que se tome el tiempo con la plegaria, su plegaria no volverá vacía. Si uno ve que ha orado y no se le ha respondido, debe volver a orar.

(*Berajot* 32b)

*

Dijo el rabí Itzjak en nombre de Raba bar Mari: Si alguien ofende a otro ser humano no sabemos si podrá volver a reconciliarse e incluso si lo hace, es cuestionable el hecho de que las palabras puedan o no influenciar a la otra persona. Pero en el caso del Santo, bendito sea, si la persona transgrede en secreto Dios se reconcilia con ella sólo a través de las palabras, como está escrito (Hoshea 14:3), "Tomen con ustedes palabras y retornen a HaShem". Más que eso, Él se lo reconoce como si fuese un mérito.

(*Ioma* 86b)

*

Dijo el rabí Elazar: La persona debe siempre orar y no esperar a que se presenten los problemas. Dijo Resh Lakish: Todo aquel que se esfuerce con la plegaria aquí abajo no tendrá enemigos arriba. Dijo el rabí Iojanan: La persona debe siempre pedir misericordia y que todo ayude en sus esfuerzos (que los ángeles la asistan al pedir misericordia - *Rashi*) y que no tenga enemigos en el ámbito superior.

(*Sanedrín* 44b)

Dijo el rabí Itzjak: Siempre es bueno que la persona clame a Dios, tanto antes de que el decreto haya sido emitido como después.

(*Rosh HaShaná* 16a)

*

Cuando un pobre se acerca a otro ser humano es posible que éste no lo escuche. Por otro lado, cuando una persona rica se acerca a decir algo es inmediatamente oída y se acepta lo que dice. Pero ésta no es la manera del Santo, bendito sea. Delante de Él, todos son iguales.

(*Midrash Rabah Beshalaj* 21:4)

*

Un ser humano no puede oír a dos personas hablando al mismo tiempo. Sin embargo éste no es el caso con el Santo, bendito sea. Todos Le oran y Él oye y recibe sus plegarias.

(*ibid.*)

*

Moshé dijo delante del Santo, bendito sea: "Señor del Mundo: cuando Tus hijos estén en dificultades y no tengan a nadie a quien pedir misericordia, respóndeles inmediatamente". El Santo, bendito sea, respondió: "Moshé, cada vez que Me llamen Yo les responderé, como está escrito (Deuteronomio 4:7), '¿Quien es como HaShem nuestro Dios cuando Lo llamamos?'".

(*ibid.*)

"Tomen palabras con ustedes y retornen a HaShem" (Hoshea 14:3). Dios les dijo, "Yo pido palabras. Clamen a Mí y oren y Yo aceptaré sus plegarias. ¿Acaso no fue a través de la plegaria que redimí a sus antepasados, como está escrito: 'Y los hijos de Israel gimieron debido a la tarea y clamaron' (Éxodo 2:23)? ¿No fue a través de la plegaria que hice milagros para ellos en la época de Ioshua? ¡No pido sacrificios sino sólo palabras!".

(Midrash Rabah Tetzavé 38:4)

*

El Santo, bendito sea, no quiere condenar a nadie. Todo lo que Él desea es que la gente Le ore y Él aceptará su plegaria. "Aunque la persona no merezca que su plegaria sea respondida ni ser tratada con misericordia, si derrama sus plegarias y ruegos Yo tendré misericordia de ella".

(Tanjuma Vaierá 8)

*

Dijo el Santo, bendito sea: "Te explicaré algunas de Mis maneras. Cuando veo a la gente que carece de Torá y de buenas acciones propias o de sus ancestros, pero que se pone de pie y derrama su plegaria delante de Mí, Yo le respondo, como está escrito (Salmos 102:18), 'Él se vuelve a la plegaria del pobre y no desprecia sus oraciones'".

(Taná debei Eliahu)

*

Dijo el rabí Iudan: Cuando una persona está en problemas y tiene un patrón con influencia no se acerca a él sin ser anunciada. Se queda en el portal exterior de la casa del patrón, llama a algún miembro de la familia y pide que la anuncie. Pero el Santo, bendito sea, no es así. Si te encuentras en dificultades, clama a Dios y Él te responderá, como está escrito (Joel 3:5), "Todos los que clamen en el nombre de Dios serán salvados".

(Ierushalmi Berajot 9:1)

*

"HaShem, a Ti he clamado" (Salmos 141:1). Dijo David: "Algunos confían en sus buenas acciones, otros confían en los actos de sus antepasados. Pero yo confío en Ti. Mis únicas buenas acciones son el haber clamado a Ti. Respóndeme". Cuando David estuvo en la cueva, comprendió claramente que ni la riqueza ni la fuerza sustentan a la persona sino sólo sus plegarias, como está escrito (ibid. 142:2), "Elevo mi voz a Dios y *clamo*".

(Hagadat Tehilim)

*

Los portales de la plegaria nunca están cerrados. A veces la plegaria es respondida sólo después de cuarenta días. Esto lo aprendemos de Moshé, como está escrito (Deuteronomio 3:25), "Me prosterné delante de HaShem durante cuarenta días...". A veces la plegaria es respondida después de veinte días. Esto lo aprendemos de Daniel, como está escrito (Daniel 10:3), "No comí pan hasta el final de tres semanas completas", y entonces dijo, "HaShem oye, HaShem perdona...". A veces la plegaria es respondida dentro de tres días. Esto lo aprendemos de Jonás, como está escrito (Jonás 2:1), "Y Jonás estuvo en el vientre del pez durante tres días y Jonás oró a HaShem su Dios desde dentro del pez". A veces la plegaria es respondida en un día, esto lo aprendemos de David, como está escrito (Salmos 69:14), "En cuanto a mí, mi plegaria es para Ti, HaShem, en un momento de favor...". Y está la plegaria que es respondida incluso antes de que deje los labios, como está escrito (Isaías 65:24), "Y será que antes de clamar, seré respondido". Dijo al rabí Jiá Raba: Está escrito (Salmos 27:14), "Espera en HaShem. Sé fuerte y firme en tu corazón y espera en HaShem". Ora y ora nuevamente. Llegará el momento en que Él te otorgará tu pedido.

(Midrash Rabah VeEtjanan 2:2)

*

Dijo el rabí Iosi: "Plegaria del pobre cuando desfallece y derrama su corazón delante de HaShem" (Salmos 102:1). La plegaria del pobre se presenta delante de Dios antes que todas las plegarias del mundo, porque está escrito (*ibid.* 22:25), "Él no desprecia ni aborrece el clamor del pobre". Ven y mira: las plegarias de toda la humanidad son... plegarias. Pero la plegaria del pobre es aquella que se eleva hacia el Santo, bendito sea y quiebra todos los portales y es elevada para ser aceptada delante de Él, como está escrito (Éxodo 22:22), "Será cuando él clame a Mí que yo oiré... De seguro oiré su clamor".

(Zohar Vaishlaj 168b)

*

Dijo el rabí Aba: "Plegaria del pobre cuando desfallece y derrama su corazón delante de HaShem" (Salmos 102:1). Estas tres son llamadas plegarias: "Plegaria de Moshé" (*ibid.* 90:1) - nadie más en toda la humanidad ofreció una plegaria como ésta. "Plegaria de David" (*ibid.* 17:1) - ningún otro rey ofreció una plegaria como ésta. Y "Plegaria del pobre". ¿Cual es la más valiosa de todas? Debes decir que es la plegaria del pobre. Esta plegaria tiene prioridad por sobre la plegaria de Moshé y la de David y en verdad por sobre todas las otras plegarias del mundo. ¿Por qué? Porque el pobre tiene el corazón quebrantado como está escrito (Salmos 34:19), "Dios elige al quebrantado de corazón". Tan pronto como ofrece su plegaria todas las ventanas del cielo se abren y todas las plegarias que se están elevando son empujadas de lado por este individuo pobre y quebrantado de corazón.

El Salmo habla de "Plegaria del pobre cuando desfallece (*IaAToF* en hebreo, literalmente, 'cubre')" (*ibid.* 102:1). Él cubre todas las plegarias del mundo, que no pueden entonces ascender hasta que no lo haga su plegaria. Y el Santo, bendito sea, dice: "Que todas las plegarias del resto del mundo sean cubiertas y que ésta se eleve delante de Mí. No necesitamos una corte aquí para juzgar entre nosotros. Que su queja venga directamente delante de Mí: Yo y él estamos juntos, como está escrito 'Y derrama su corazón delante de HaShem'". Sí, en verdad: Delante de HaShem. Todas las huestes del cielo se preguntan, "¿Con qué está ocupado el Santo? ¿Qué está haciendo?". Y responden, "Se deleita en Sus criaturas". Ninguna de ellas sabe lo que se hace con la plegaria de ese pobre y con todos sus reclamos, pero cuando él derrama su corazón delante del Santo Rey, Dios no desea ninguna otra cosa y esa plegaria produce un recipiente que engloba todas las plegarias del mundo (*Zohar Balak* 195a).

Comenta el rabí Natán (*Likutey Halajot, Oraj Jaim, Tefilín* 5): Todo esto está hablando del pobre que ora por sus necesidades materiales debido a la opresión de su pobreza física. Cuánto más aún será cuando la persona comienza a apiadarse de sí y siente su pobreza espiritual y su falta de buenas acciones. Ruega y arguye con Dios, quejándose y apelando a Él por no acercarla, derramando su corazón hasta que comienza a llorar... Cuán querida es esa plegaria a los ojos de Dios. Es más valiosa que todas las plegarias del mundo.

Comentando sobre el poder de la plegaria el rabí Natán citó del Midrash *(Shmot Rabah* 21:4): Despúes que las plegarias son recibidas en el Cielo, un ángel amarra a cada una de ellas mediante un juramento y la envía hacia arriba, hacia la Corona que adorna la cabeza del Santo. "Fíjense", dijo el rabí Natán. "Ni siquiera los ángeles pueden elevarse al nivel que alcanzan las plegarias" *(Avenea Barzel* p.88).

* * *

Bibliografía

Alim LiTerufá. Colección de cartas de Reb Noson de Breslov, publicadas originalmente en Berdichov, 1896, y con agregados en Jerusalén, 1911. Una edición más completa fue publicada por el Rabí Aarón Leib Tziegelman en Jerusalén, 1930. Una traducción al inglés de Iaacov Gable, titulada *Eternally Yours* ha sido publicada por Breslov Research Institute en Jerusalén, 1993. Una selección de estas cartas realizada por Itzjak Leib Bell se encuentra traducida al español con el título de *Hojas Que Curan el Alma*, editada por Breslov Research Institute.

A Través del Fuego y del Agua. Biografía completa del rabí Natán. Detalla sus batallas y triunfos espirituales y su extraordinaria relación con el Rebe Najmán. Basada en su autobiografía y cartas personales, esta obra ofrece una amplia y profunda visión de su vida y época. Editada por Breslov Research Institute.

Consejo. *Likutey Etzot* en hebreo, una colección de enseñanzas concisas y consejos basados en las obras del Rebe Najmán, por Reb Noson de Breslov, publicada por primera vez en Lemberg, 1840. Una segunda edición del *Likutey Etzot*, también basada en las obras del Rabí Natán, por el Rabí Najmán de Tcherin, fue publicada por primera vez en Lemberg, 1874. Una traducción al español ha sido publicada por el Breslov Research Institute, Jerusalén, 2003.

Cruzando el Puente Angosto. Una guía práctica para las enseñanzas del Rebe Najmán, por Jaim Kramer (n. 1945), publicado por el Breslov Research Institute, 1994.

Cuatro Lecciones del Rabí Najmán de Breslov. Recopilación de cuatro pequeños libros donde se traducen y comentan cuatro lecciones del *Likutey Moharán: Azamra*, L.M. I, 282; *¿Aié?*, L.M. II, 112; *Tzoar*, L.M. I, 112; *Maim*, L.M. I, 51. Incluye también otros textos de Breslov relacionados con las lecciones.

El Jardín de las Almas. Traducción y comentario del *Likutey Moharán* I, 65, por Abraham Greenbaum, publicado por el Breslov Research Institute, en Jerusalén, 2008.

El Tikún del Rabí Najmán. *Tikún HaKlalí* (ver más adelante), con una traducción al español y trasliteración. Publicada por el Breslov Research Institute en el año 2008.

Hagadá de Breslov. La tradicional Hagadá de Pesaj con su traducción al español y un comentario basado en las enseñanzas del Rebe Najmán y de fuentes generales, por Ioshúa Starret, publicado por el Breslov Research Institute, Jerusalén, 2000.

Hishtapjut HaNefesh. Un manual de las enseñanzas del Rebe Najmán sobre la plegaria, recopilado por Reb Alter Tepliker (ver *Mei HaNajal*), publicado por primera vez en Jerusalén, 1905. La traducción al español bajo el título de *Expansión del Alma* incluye una introducción del tema del *hitbodedut*, por el Rabí Aryeh Kaplan, publicado por el Breslov Research Institute, en el volumen titulado *Meditación, Fuerza Interior y Fe*, en Jerusalén, 2002.

Kitzur Likutey Moharán. Una versión abreviada del *Likutey Moharán* (ver más adelante), centrada en el consejo práctico que ofrecen las lecciones, por Reb Noson de Breslov a pedido del Rebe Najmán. Publicado por primera vez en Mohilov, 1811.

Likutey Halajot. Obra monumental sobre el pensamiento de Breslov y de la Kabalá, siguiendo el orden del *Shuljan Aruj* (ver más adelante), por Reb Noson de Breslov. La primera parte fue impresa en Iasse (Jasse), 1843, con las subsiguientes secciones publicadas hasta el año 1861. Hemos utilizado la edición de ocho volúmenes publicada en Jerusalén en el año 1985.

Mei HaNajal. Comentario del *Likutey Moharán* por el Rabí Moshé Ioshúa Bezhiliansky (Reb Alter Tepliker). Escrito en el año 1897, fue publicado por primera vez por el Rabí Noson Zvi Koenig, Bnei Brak, 1965.

Meshivat Nefesh. Es un manual sobre las enseñanzas del Rebe Najmán y de Reb Noson de Breslov sobre cómo combatir la desesperanza y tomar de las fuentes de la alegría, recopilado por Reb Alter Tepliker (ver *Mei HaNajal*), publicado por primera vez en Lemberg, 1902. Traducido al español como *Restaura mi Alma* y publicado por el Breslov Research Institute, en el volumen titulado *Meditación, Fuerza Interior y Fe*, en Jerusalén, 2002.

Parparaot LeJojmá. Importante comentario del *Likutey Moharán* por Reb Najmán de Tcherin, publicado por primera vez en Lemberg, 1876.

Sabiduría y Enseñanzas del Rabí Najmán de Breslov. Traducción del *Sijot HaRan*, Jerusalén, 1995. Compuesto por enseñanzas cortas y dichos del Rebe Najmán, compilados por Reb Noson de Breslov, publicada por primera vez junto con *Sipurey Maasiot*, en Ostrog, 1816. Una edición expandida, incluyendo mucho material nuevo, fue publicada en Zolkiev, 1850.

Sefer HaMidot. Colección de epigramas y aforismos sobre todos los aspectos de la vida, ordenados alfabéticamente, por el Rebe Najmán de Breslov, publicado por primera vez en Mohilov, 1811. Una selección de sus aforismos, bajo el nombre de *El Libro de los Atributos*, fue publicada por el Breslov Research Institute, Jerusalén, 2005.

Shivjei HaRan. Relatos de la infancia del Rebe Najmán de Breslov y su peregrinación a la Tierra de Israel. Traducida al español como *Alabanza del Tzadik*, Jerusalén, 1996.

Shivjei Moharán. Anécdotas y enseñanzas del Rebe Najmán, compiladas por Reb Noson de Breslov, impresas junto con *Tzadik* (ver más adelante).

Siaj Sarfei Kodesh. Anécdotas y enseñanzas del Rebe Najmán, de Reb Noson y de los jasidim de Breslov, al igual que historias no publicadas anteriormente, provenientes de la tradición oral de Breslov. Éstas fueron transcriptas por Abraham Weitzhandler a partir de conversaciones con el Rabí Levi Itzjak Bender (ver más arriba). A la fecha se han publicado cinco volúmenes en Jerusalén, 1988 y 1994, por Meshej HaNajal.

Sipurei Maasiot. Las historias del Rebe Najmán. Publicadas por primera vez en Ostrog, 1816, y con una nueva introducción en Lemberg, 1850. Traducido al español como *Los Cuentos del Rabí Najmán*, Jerusalén, 1999.

Tefilín. Traducción del texto clásico de Reb Noson de Breslov, *Likutey Halajot, Tefilín,* 5, por Abraham Greenbaum, que trata de los significados profundos de casi todos los aspectos de la mitzvá de los tefilín. Publicado en español, por el Breslov Research Institute, Jerusalén, 2008.

Tikún Haklalí. Los Diez Salmos recomendados por el Rebe Najmán como el "Remedio General" para los pecados sexuales y otras transgresiones, publicado por primera vez por el Rabí Natán en Breslov, 1821. Traducido al español como *El Tikún del Rabí Najmán.*

Tzadik. *Jaiei Moharán* en hebreo, es una importante obra biográfica sobre el Rebe Najmán, incluyendo su peregrinaje a la Tierra Santa, escrita por su principal discípulo, Reb Noson de Breslov, impresa por primera vez en Ostrog, 1816 y luego, con notas agregadas por el Rabí Najmán de Tcherin, en Lemberg, 1874. Traducida al español, con notas y publicada como *Tzadik* por el Breslov Research Institute, Jerusalén, 2007.

Parte II

Likutey Tefilot

Contenido de las Plegarias

1. *Estudio de la Torá y Plegaria / Superando la Mala Inclinación / Contrarrestando la confusión mental y la locura con la luz de la sabiduría*

2. *Plegaria / Cuidando el Pacto / Superando la tentación / Caridad / Estudio de la Torá / Mashiaj*

3. *Música y canciones / Superando el sueño / Estudio de la Torá*

4. *Teshuvá / Confesión de los Pecados / Apego al verdadero Tzadik / Superando la depresión y la pereza / La calumnia / Humildad / Bitul - Autotrascendencia y entrega a Dios / Reinado de Dios*

5. *Rosh HaShaná / Shofar / Plegaria Intensa y Devoción / Superando el temor mundano al cultivar el temor al Cielo / Conquistando las dudas, las ideas externas, los pensamientos pecaminosos y la confusión mental / Pesaj - Jametz y Matzá / Fe en los Tzadikim / Alegría de las Mitzvot*

6. *Teshuvá / Humildad / Soportando los insultos / Encontrando a Dios en todas las situaciones / Avanzando de nivel en nivel / Percepción espiritual / Apego a los Tzadikim / El mes de Elul*

7. *Fe / Milagros / Conociendo y reconociendo a Dios / La Tierra de Israel / Fe en los Tzadikim y seguir su guía / Evitando las influencias negativas / Plegarias / Memoria y olvido / El Pacto / Sustento / Tzitzit*

8. *Rúaj Jaim - el Espíritu de Vida / Apego a los Tzadikim / Satisfacción de las necesidades / Expiación del pecado / Ayuda en contra de los enemigos / Plegaria e Hitbodedut / Estudio de la Torá - Halajá / Autopurificación / Tzitzit*

9. *La Verdad como el camino para salir de la oscuridad espiritual y la confusión / Obtener la vida a través de la Plegaria / El Sustento / Pareja Matrimonial / Fe / Milagros / Eretz Israel*

10. *Teshuvá / Superando el orgullo y la arrogancia / Apego a los Tzadikim / Aplaudiendo y bailando / Purim / Rosh Jodesh / La Cuenta del Omer*

11. *Superando la arrogancia y alcanzando la humildad / Comprendiendo los secretos de la Torá / Teshuvá / Pureza moral y armonía marital / Ganándose el sustento*

12. *Estudio de la Torá por sí misma / Apego a los verdaderos Tzadikim*

13. *Hashgajá - Providencia Divina / Apego al Tzadik / Oír Torá del Tzadik / Quebrar el deseo de riqueza / Caridad*

14. *Humildad / Quebrando el orgullo y la arrogancia / Estudio de la Torá / Luchando contra el Ietzer HaRa / Teshuvá: Limpiarse del pecado / Llevando a los demás a la Teshuvá / Armonía marital / Tzitzit / La gloria de Dios / Temor / Paz interior / Curación / Paz entre los judíos / Paz en el mundo / Jánuca*

15. *Temor a Dios / Libertad de los temores mundanos / Autoexamen / Calma y claridad / Superando la*

confusión mental / Hitbodedut / Estudio de la Torá / Concentración / Plegaria / Secretos de la Torá / Conocimiento y conciencia de Dios

16. *Lograr el equilibrio correcto entre el estudio de la Torá y el descanso / Mashíaj*

17. *Ser conscientes de nuestro verdadero valor y de lo valioso de nuestras almas / Caridad / Claridad mental / Conciencia espiritual / Comer / Sensibilidad al Tzadik y a su mensaje / Teshuvá / Conversos*

18. *El propósito final de la vida / La vida después de la muerte / Quebrando la ira / Fe / Evitando la superstición / El verdadero líder espiritual*

19. *La Lengua Sagrada / Santidad del habla / Temor al Cielo / Superando los deseos corporales / Dormir / Sueños / Emisión en vano / Comer / Shabat*

20. *La Tierra de Israel / Avanzando espiritualmente de nivel en nivel / Plegaria ferviente y apasionada / Ideas originales de Torá / El Pacto - Pureza / Daat - Conciencia espiritual y apego a Dios / Pesaj / Superando los obstáculos y las barreras*

Índice de Tópicos

(los números hacen referencia a las plegarias)

Sabiduría 1, 17; *Santidad del habla* 19; *Satisfacción de las necesidades* 8: *Secretos de la Torá* 11, 15; *Shabat* 19; *Shofar* 5; *Socios* 9; *Sueños* 19; *Superando los deseos corporales* 19; *Superando los obstáculos* 20; *Superstición* 18; *Sustento* 7, 9, 11.

Temor al Cielo 5, 15; *Temor, libertad del* 15; *Teshuvá* 4, 6, 10, 11, 14, 17; *Tierra de Israel* 7, 20; *Trueno* 5; *Tzadik* 17, 18; *Tzitzit* 7, 8, 14.

Unificación 8.

Verdad 9; *Vida del espíritu* 8.

Introducción del rabí Natán al *Likutey Tefilot*

Nuestro santo Rebe, la lámpara brillante, "la luz oculta y atesorada", el Rebe Najmán, de bendita memoria, nos dijo muchas veces y de diferentes maneras que debíamos transformar sus enseñanzas en plegarias. Él dijo que nunca antes hubo nada como el deleite que siente Dios por las plegarias que hacemos a partir de las enseñanzas de Torá. Esto lo trató numerosas veces con muchas y diferentes personas.

El Rebe nunca explicó exactamente qué quería decir con esto. Sin embargo a partir de diversas conversaciones inferimos que lo que decía era literal. Debemos tratar de estudiar cada una de sus tremendas y santas enseñanzas buscando comprender la guía *práctica* contenida en ellas. (Esto es lo más importante, pues "lo principal no es el estudio sino la práctica" [*Avot* 1:17]. Como hemos hecho notar en diferentes oportunidades en nuestras obras, la principal intención del Rebe en todo lo que enseñó era la práctica - que hiciésemos todos los esfuerzos posibles para observar y cumplir con todo lo que está tratado en sus enseñanzas).

Habiendo extraído los puntos prácticos contenidos en una determinada lección, debemos entonces contemplarnos y ver cuán lejos nos encontramos de los niveles espirituales tratados allí. Debemos orar y pedirle a Dios una y otra vez que tenga compasión de nosotros y nos acerque constantemente a Él, hasta que finalmente podamos cumplir con toda la enseñanza. Debemos derramar muchas plegarias ante Dios por cada uno de los puntos individuales tratados en la enseñanza, rogarle que nos ayude a cumplir con ello a la perfección y alcanzar todos los niveles descriptos.

Aquel que pueda hacer plegarias a partir de las enseñanzas de Torá ciertamente será capaz de hablar siempre ante Dios y expresar sus pensamientos y sentimientos más íntimos en relación a cada enseñanza. Al comienzo podrás pensar que una determinada enseñanza no es relevante a tus propias necesidades y problemas personales en un momento en particular. Aun así, una vez que comiences a expresar tus sentimientos relacionados con esa enseñanza, Dios ciertamente te ayudará y serás capaz de incluir todo lo que tienes que decir en las oraciones y conversaciones relativas a esa enseñanza al igual que con todas las demás.

Esto se debe a que las enseñanzas del Rebe Najmán son universales: cada una incluye toda la Torá, todo el pueblo judío y en verdad todo lo que sucede en el mundo. Todos -desde los más elevados hasta los más bajos, desde la cima hasta lo más profundo- pueden encontrarse a sí mismos y a todas sus características en cada enseñanza del santo Rebe. Mediante cada una de sus enseñanzas todos en el mundo podrán expresar siempre lo que tienen que decir, no importa quiénes sean.

Por ejemplo, la lección en el *Likutey Moharán* I:5 comienza con la enseñanza Talmúdica que dice: "Cada persona está obligada a decir, 'El mundo fue creado para mí' (*Sanedrín* 37)". El Rebe continúa diciendo que si es así, debo preocuparme constantemente de mejorar el mundo y de proveerle lo que sea necesario, orando por él. Es necesario saber si lo que ha sido decretado para el mundo ya ha sido sellado o no.

Al conversar con sus discípulos el Rebe mismo utilizaba esta enseñanza como un ejemplo sobre cómo transformar las lecciones de Torá en plegarias. Les decía que debían examinarse con cuidado y ver cuán lejos estaban de lo enseñado en esa lección. Debían meditar sobre cómo cada individuo está obligado a decir que el mundo entero fue creado sólo para él, orar por lo que le falta y tratar de percibir si el decreto ha sido sellado o no. Debían entonces contemplarse a sí mismos y ver cuán lejos estaba de ello, orar y buscar a Dios para que los ayude a alcanzarlo.

Las personas a las cuales les estaba hablando le preguntaron si orar por el mundo se aplicaba realmente a ellas dado su nivel espiritual. Su respuesta fue: "Escuchen lo que sus bocas están diciendo. La enseñanza explica cómo cada persona está obligada a decir que el mundo entero fue creado sólo para ella. Si es así, cada uno de ustedes tiene esta obligación y nadie puede sustraerse a ella".

La verdad es que si Dios nos ayuda a seguir las instrucciones del Rebe de manera literal, tal cual se explica aquí, todos ciertamente podremos expresarnos a través de cada enseñanza. No importa cuán bajo sea el nivel en el cual se sienta la persona ni lo que haya debido pasar en la vida, si realmente siente la urgencia de volver a Dios y desea derramar sus sentimientos de manera honesta, será capaz de expresar todo lo que está en su mente y en su corazón. Uno puede comenzar diciendo con amargura que si bien "el mundo fue creado para mí -porque nuestros Sabios nos han dicho que todos están obligados a decir que el mundo entero fue creado sólo para mí- cuán lejos me encuentro de todo ello".

Incluso si la persona considera que está extremadamente

lejos de ello al punto en que, debido a su bajo nivel, ni siquiera se atreve a decir que el mundo fue creado para ella, esto en sí mismo deberá permitirle derramar su corazón mucho más todavía. El hecho es que realmente *está* obligada a decir que el mundo fue creado para ella, tal como enseñaron los Sabios. Ellos especificaron que ésta es una obligación que se aplica a todos y a cada uno. Es posible que la persona se sienta tan lejos que le sea difícil hablar sobre esto, pero ello en sí mismo le permitirá derramar su corazón como agua ante Dios cuando perciba cuán lejos se encuentra debido a sus acciones. Así será capaz de comenzar la conversación y continuar expresando en ese momento todo su dolor y sufrimiento.

Podrá entonces continuar con esta enseñanza, donde el Rebe explica que la manera de saber si el decreto ya ha sido sellado es mediante la alegría con la cual uno lleva a cabo las mitzvot - una alegría que debe ser más grande que la mitzvá misma (*ibid. 3*). Comenzará ahora a orar sobre ello, comprendiendo cuán lejos se encuentra y pidiéndole a Dios que la ayude a alcanzarlo.

Más adelante en la lección se explica que la manera de alcanzar la alegría es mediante el "trueno" -la plegaria intensa- y que es posible llegar a ello limpiando la mente del *jametz*, la levadura, es decir, las ideas erróneas y los pensamientos y deseos no santos. Uno tiene que deshacerse de ellos -"Expulsar a la bestia del cañaveral" (Salmos 68:31)- y liberarse de todo temor que no sea el temor a Dios. Lo más importante es proteger la mente del "jametz" de los pensamientos contrarios a la Torá.

La lección continúa: Es necesario tener fe en los Sabios y creer que todos los conflictos entre los Tzadikim son sólo para nuestro beneficio. Es necesario tomarlos como un mensaje personal de reproche por haber malgastado las gotas de nuestra mente - un pecado del cual se dice, "Todo el que va hacia ella no retornará ni alcanzará el sendero de la vida" (Proverbios 2:19). Sólo mediante ese reproche es posible volver desde la muerte a la vida, del *jametz* a la *matzá*, etcétera. Por ese motivo no se debe hacer preguntas sobre los conflictos entre los verdaderos Tzadikim: simplemente hay que tener una fe perfecta en todos ellos (*ibid.* 4).

Para alcanzar todos esos niveles, es necesario derramar el corazón en plegaria y súplica. ¡Cuántas plegarias será necesario elevar para limpiar la mente de los pensamientos extraños y no oscurecerse con los deseos lujuriosos e ideas contrarias a la Torá! Virtualmente todos quedan atrapados en esto. Debemos rogarle a Dios que nos salve y que sólo tengamos pensamientos puros y santos. ¡Cuánto debemos pedir para llegar a orar con la concentración y el fervor apropiados!

Lo mismo se aplica a los demás temas tratados en esa enseñanza y a todas las otras enseñanzas del Rebe. Piensa en ello y podrás inferir muchas cosas a partir de lo que hemos dicho. "Aquél que viene a purificarse lo ayudan desde el Cielo" (*Ioma* 38b, etcétera). Si trabajas sobre tu corazón Dios te ayudará, le enviará un flujo de palabras a tu boca y podrás expresar todo lo que hay en tu corazón, en el momento que sea, a través de cada una de las enseñanzas del Rebe.

Todo aquel que esté preocupado por su destino espiritual y que genuinamente desee acercarse a Dios debe saber que la única manera de hacerlo es quebrando todos sus rasgos negativos y desarrollando rasgos buenos, andando en las sendas de Dios. Sólo hay una manera de hacerlo - mediante las plegarias, las súplicas, los clamores y los ruegos a Dios. Todos los verdaderamente santos y piadosos sólo alcanzaron lo que alcanzaron gracias a las plegarias y a las súplicas, tal cual se indica tantas veces en nuestras obras. Pero orar y rogar a Dios es en sí mismo algo muy difícil - la gente usualmente se siente incapaz de decir una sola palabra o de expresarse. Sin embargo, al transformar las enseñanzas de Torá en plegarias, tal cual se explica aquí, es mucho más fácil decir todo lo que uno siente.

Sin embargo hay toda clase de obstáculos y dificultades en el camino. No todos están tan familiarizados con las enseñanzas del Rebe como para ser capaces de transformarlas en plegarias; y existen muchos otros obstáculos también. Por lo tanto he decidido copiar las plegarias que escribí para mí mismo de acuerdo con lo que el Rebe me dijo sobre el valor de poner por escrito una plegaria bien organizada, con el objetivo de poder recitarla nuevamente en otro momento. Esto lo hice para mí y más tarde vi que sería bueno copiarlas en un estilo aplicable a todos y dárselas a los miembros de nuestro grupo para no retener el bien de sus dueños.

Comprendí que estas plegarias tienen una aplicación universal y son necesarias para todos, cada uno en su nivel, desde el más grande hasta el más pequeño. No hay nada que la persona necesite en el servicio a Dios que no pueda ser hallado en estas plegarias. He copiado algunas de ellas dándoselas a varias personas quienes las aprobaron calurosamente y me urgieron a que copiase todas. Aunque mis sentimientos al respecto están algo divididos, me entrego a Dios, apoyándome completamente en Él. De acuerdo a Su buena voluntad y a la voluntad del Rebe, así lo haré.

Todos aquellos que anhelan la verdad y la honestidad podrán apreciar el valor de estas plegarias. Nunca ha habido plegarias como éstas en el mundo. Están llenas de bondad para con la Casa de Israel - plegarias, súplicas, pedidos, ruegos, confesiones, excusas, clamores, gritos y llantos a Dios, para despertar Su abundante amor por nosotros, para acercarnos a Su servicio rápida y fácilmente.

Ellas incluyen palabras de aliento que la persona puede decirle a su propia alma para no malgastar la vida durmiendo, Dios no lo permita. Pues las palabras tienen un gran poder para despertar al dormido. Incluso aunque uno sepa algo con claridad en su corazón, el hecho de decirlo en voz alta es en sí mismo muy inspirador y llenará a la persona de fuerza, de determinación y de deseo por acercarse a Dios, hasta llegar a una completa *teshuvá*. Todo aquel que diga estas plegarias de manera regular, con verdad y honestidad, ciertamente alcanzará la vida eterna.

Si bien "es bueno aferrarte a esto, no debes dejar que tus esfuerzos flaqueen en lo otro" (Eclesiastés 7:18) es decir, tus propias plegarias privadas. Cada día debes hablarle a Dios con tus propias palabras y en tu idioma natal y expresar todo lo que hay en tu corazón, tal cual está tratado tantas veces en las obras del Rebe. Debes componer tus propias plegarias a partir de las enseñanzas de Torá, pues es imposible poner por escrito todas las diferentes cosas que cada persona necesita, especialmente en vista de los constantes cambios que sufre la gente.

El Rebe nos repitió numerosas veces que cada día debíamos

recitar muchas plegarias y súplicas adicionales, tal como aquellas impresas en los Sidurim más grandes, en "Shaarei Tzión" (por el rabí Natán Nata Hannover m. 1683) y otras obras, en especial los Salmos. Todo aquel que quiera tomar el consejo del Rebe y seguir el sendero de la plegaria para la vida eterna ciertamente encontrará plegarias muy satisfactorias en esta, nuestra obra. No existen otras plegarias en el mundo en las cuales uno pueda encontrarse a sí mismo de la manera en que lo puede hacer en estas plegarias. Ellas cubren todas las facetas del carácter y de la personalidad humana y cada aspecto de la vida, como podrás ver por ti mismo. Afortunada la persona que las recite de manera regular.

No hay nada inusual en el hecho de componer nuevas plegarias. Muchos otros, grandes y pequeños, me han precedido en esto. El "Shaarei Tzión" contiene muchas plegarias escritas por los últimos Sabios, al igual que los Sidurim más grandes y otras obras. En nuestra propia época se han compuesto muchas plegarias nuevas y volúmenes enteros se han dedicado exclusivamente a las oraciones. Lo que sucede es que en su mayor parte no pueden obtenerse en nuestra región. Así la lista de libros impresos al final del "Seder HaDorot" incluye muchos volúmenes de plegarias que simplemente no pueden conseguirse aquí. De manera similar, virtualmente todos los *piutim, slijot* e himnos de la liturgia no vienen de Profetas o maestros de la Mishná y otros con *rúaj hakodesh* (inspiración divina), sino de escritores posteriores que vivieron mucho después de que cesara el *rúaj hakodesh*.

Claramente no hay ninguna prohibición que impida la composición de plegarias por parte de gente que no se encuentra necesariamente en los niveles espirituales más elevados, así como no hay obligación alguna de que los autores de otras clases de literatura religiosa posean inspiración divina. Pues la Torá "no está en los cielos" (Deuteronomio 30:12). Por el contrario, componer plegarias no implica una responsabilidad especial y no conlleva ninguno de los peligros que enfrentan las autoridades halájicas, quienes, al escribir sobre kashrut, leyes comerciales y demás, están en constante peligro de tropezar en la Halajá y emitir falsas reglamentaciones. De manera similar los autores de los comentarios sobre textos clásicos siempre están en peligro de malinterpretar el material y no expresar su verdadero significado.

Pese a estos riesgos, todo erudito de Torá tiene la obligación de escribir libros con total entrega, tal cual está tratado en varias obras. Nadie tiene la libertad de refrenarse en la escritura meramente debido a los peligros que ello implica, pues la Torá "no está en los cielos". Estamos obligados a cumplir con esta imposición y debemos dedicarnos a aclarar la Halajá de la mejor manera posible y sólo buscar la verdad en todo momento. Depende de nosotros hacer nuestra parte y HaShem hará lo que sea bueno a Sus ojos.

De manera similar, si HaShem nos envía ideas originales, es nuestro deber pasarlas por escrito y "que nuestra fuente surja hacia afuera" para compartir con los demás el bien con el cual hemos sido bendecidos. No debemos retener este bien de aquellos a quienes les pertenece meramente debido a los temores y preocupaciones de esta clase. Pues "el Santo, bendito sea, no se comporta con Sus criaturas como un tirano" (*Avodá Zará* 3a) y "la Torá no fue dada a los ángeles" (*Berajot* 25b).

Si esto se aplica a las obras halájicas y a los comentarios, etcétera, cuánto más aún se aplica a la composición de plegarias que no contienen reglas halájicas, comentarios ni interpretaciones. Ciertamente uno no debe retenerse de componerlas, aunque no se encuentre en un nivel espiritual tan elevado. Esto se aplica especialmente a plegarias tales como éstas, que se apoyan en el fundamento más firme posible, gracias a Dios. Cada una está construida y "fundada sobre pedestales de oro" (Cantar de los Cantares 5:15) - las sagradas enseñanzas de nuestro grande y tremendo Rebe, de bendita memoria, cuyas palabras fueron dichas con el nivel más alto de *rúaj hakodesh*.

Todo aquel que estudie los santos discursos del Rebe y sus conversaciones comprenderá un poco de cuán profundos son sus pensamientos y hasta dónde alcanzan sus palabras. Éste no es el lugar para tratar esto en profundidad. Todas estas plegarias provienen de un lugar sagrado, emergiendo de la santa fuente surgente de la Casa de Dios, llenas de consejos profundos, maravillosos y tremendos, sobre el servicio al Creador, bendito sea - "aguas profundas es el consejo en el corazón del hombre" (Proverbios 20:5).

Por todos estos motivos me he visto obligado a satisfacer el deseo de mis amigos, quienes han estado anhelando por estas plegarias, copiándolas e imprimiéndolas, para dejar que brillen sobre la faz de la tierra, para "distribuirlas en Iaacov y difundirlas en Israel" (Génesis 49:7). Esta explicación debe ser suficiente para todo aquel que desee la verdad y "HaShem, Dios es verdad"... "Él dará verdad a Iaacov" y nos mostrará y guiará en el sendero de la verdad siempre, inclinando nuestros corazones hacia Él para servirlo en verdad hasta que el trono de David sea establecido con amor y él se siente allí en verdad, rápidamente y en nuestros días. Amén.

Y quiera HaShem oír nuestro clamor, escuchar nuestra voz y atender a nuestras oraciones, ayudándonos en la plegaria y en la súplica, en todo momento, tanto con las plegarias establecidas y escritas como con aquellas que cada uno de nosotros debe decir con sus propias palabras a partir de su propio corazón, tal como el Rebe nos dijo tantas veces. Esto es lo más importante, tal cual está tratado muchas veces en sus obras sagradas. De esta manera, con la ayuda y favor de Dios, retornaremos a Él, genuinamente y de todo corazón, hasta que podamos ascender y unirnos con Él en la luz del Infinito, "para contemplar lo agradable de HaShem y visitar Su palacio" (Salmos 37:4).

En mérito a nuestras plegarias Dios nos enviará a nuestro recto Mashíaj, pronto y en nuestros días, pues la plegaria es el arma principal del Mashíaj, tal cual está explicado en la lección "Habla a los sacerdotes" (*Likutey Moharán* I:2). Debemos persistir con estas plegarias y súplicas no importa lo que suceda, hasta que HaShem contemple desde los Cielos y vea y "nos restaure después de dos días [las dos destrucciones] y nos eleve el tercer día [la reconstrucción del Tercer Templo] y vivamos por siempre ante Él" (Hoshea 6:2) para andar delante de HaShem a la luz de la vida. Amén. Amén.

ליקוטי תפילות

Likutey Tefilot

1

Estudio de la Torá y Plegaria / Superando la Mala Inclinación / Contrarrestando la confusión mental y la locura con la luz de la sabiduría

Sólo mediante el estudio de la Torá es posible superar las falsas ideas que la Mala Inclinación trata de implantarnos. Debemos buscar la sabiduría contenida en todas las cosas para ser capaces de comprender los mensajes que Dios nos envía y unirnos a Él a través de todas las cosas del mundo. El exilio le ha quitado el *jen* -gracia y favor- al pueblo judío y a nuestra posición en el mundo. El estudio de la Torá ayuda a restaurarlo, llevando a la aceptación de nuestras plegarias.

HaShem, Dios nuestro y Dios de nuestros padres:

Ayúdame a estudiar, a enseñar y a practicar Tu santa Torá por sí misma y en todo momento y a guardar la Torá en mi mente día y noche.

El Poder del Estudio de la Torá

Con el mérito del estudio de la Torá, dame la fuerza para conquistar y quebrar la mala inclinación y expulsarla de mí. Ayúdame a liberarme del espíritu de locura que me ha dominado debido al mal que he hecho. Podré liberarme estudiando y guardando la Torá, que está compuesta enteramente por Tus santos Nombres. El poder de la Torá superará y eliminará el poder que la locura pueda tener sobre mí. Ayúdame a eliminarla de mí y de mi vida.

Por favor, HaShem: Tú sabes de los muchos pensamientos que me perturban a cada momento del día y me distraen de servirte apropiadamente. Todos son producto del espíritu de locura que se ha aferrado a mí debido al mal que he hecho y a todos mis pecados y transgresiones. Mi mente es un torbellino y mi buen sentido e inteligencia han sido severamente dañados.

Padre en el Cielo: Tú eres bueno para todo y misericordioso con todas Tus criaturas. Perdóname y sálvame de la destrucción. Dios de bondad: Dame la fuerza para conquistar mi propia locura y expulsarla de mí estudiando y practicando Tu santa Torá.

Las "Mitzvot" de la Mala Inclinación

Sé bueno conmigo y ayúdame a no caer presa de las atracciones irracionales de mi mala inclinación. Ésta trata de influenciarme e impedirme servirte apropiadamente vistiendo sus instigaciones como "mitzvot", como si tratara de persuadirme de hacer algo correcto y apropiado. La verdad es que esas "mitzvot" en las cuales se viste son una trampa oculta, como sólo Tú sabes. Por favor, HaShem, ten compasión de mi pobre alma y sálvame de las instigaciones de la mala inclinación. Que no tengan poder alguno para engañarme con esas distracciones.

Arrojo mi carga sobre Ti, HaShem, mi Dios y Dios de mis padres. Me apoyo sólo en Ti para que me lleves amorosamente por el sendero apropiado y recto en todo momento y en todas las cosas que haga. Que todos mis movimientos estén en completo acuerdo con Tu voluntad y no dejes que me desvíe de lo que Tú deseas, ni a la derecha ni a la izquierda.

Tú sabes que somos carne y sangre - es imposible para nosotros saber exactamente lo que Tú deseas. Apelo a Ti para que me muestres Tu amor y me ayudes. No dejes que la mala inclinación tenga poder alguno para perturbar y distraer mi mente con toda clase de locuras y de cosas irracionales. Pueda apoyarme sólo en Ti. Muéstrame Tu gran amor y llévame por la senda de la verdad, en todo momento. Que mis acciones, actividades y comportamiento, y los de mis hijos, mis descendientes y todos los que dependen de mí, estén de pleno acuerdo con Tu buena voluntad en todo momento, desde ahora y para siempre.

Dios misericordioso: Ayúdame a fortalecer el poder de la santidad para superar el poder del mal. Ayúdame a fortalecer mi buena inclinación frente a la mala inclinación.

La sabiduría en todas las cosas

Otórgame la sabiduría sagrada y la inteligencia. Que pueda siempre percibir todas las cosas a la luz de la sagrada sabiduría que contienen y unirme así a Ti a través de todas las cosas del mundo. Pueda comprender los constantes mensajes y alusiones que Tú me envías para acercarme a Ti.

Jen: Gracia

Oh Dios: Tú estás pleno de favor, de misericordia, de bondad y de bien, en todo momento. Sea Tu voluntad tener piedad de mí y hacer que brillen sobre mí la gracia y la bondad. Otórgame favor a Tus ojos y a los ojos de todos los que me vean. Envíame palabras de gracia y de afecto que puedan entrar en Tu corazón. Acepta mis plegarias y pedidos en todo momento y cumple con Tu promesa de "derramar sobre la casa de David y de aquellos que viven en Jerusalén un espíritu de gracia y de afecto".

Que las palabras con las cuales nos dirigimos a Ti sean palabras de gracia y de afecto. Otórgales lugar para que entren en Tu corazón y que nuestras palabras despierten el favor y el placer delante del trono de Tu gloria.

Señor del Mundo, mira nuestra pobreza, bajeza y vergüenza. La gracia y el prestigio de Tu santo pueblo Israel han caído en este amargo exilio. El pueblo judío es despreciado e indigno a los ojos de las naciones del mundo y de los malvados. Toda la gracia y la importancia han caído y lo han abandonado.

Ten piedad de Tu grande y santa gloria y exalta, eleva y magnifica la gracia y el prestigio de Israel, material y espiritualmente. Haz caer a los idólatras y a los malvados. Que no tengan gracia ni importancia, ni arriba ni abajo. Exalta a Tu pueblo Israel y oye y recibe nuestras plegarias y clamores en todo momento.

Mira nuestro esfuerzo y contempla nuestra dificultad y cumple con lo que está escrito: "Pues no ha despreciado ni rechazado al pobre y no ha ocultado Su rostro de él. Cuando él Le clama, Él oye". Muéstranos favor, respóndenos y oye nuestra plegaria. Pues Tú oyes las plegarias de cada uno de Tu pueblo Israel, con amor. Bendito eres Tú que oyes la plegaria.

2

Plegaria / Cuidando el Pacto / Enfrentando la tentación / Caridad / Estudio de la Torá / Mashíaj

Para llegar a la plegaria perfecta es necesario cuidar el Pacto, guardando la pureza de nuestros pensamientos, palabras y acciones. Al orar, debemos medir cuidadosamente las palabras. Esto se logra mediante la práctica de la caridad. Debemos unir nuestras plegarias a los verdaderos Tzadikim, quienes las elevan a Dios, colocando cada una en el lugar que le corresponde en la estructura total que será completada por el Mashíaj. La plegaria es el arma esencial del Mashíaj.

HaShem, Dios nuestro y Dios de nuestros padres, quien con amor oyes las plegarias de Tu pueblo Israel:

Despierta Tu bondad y amor hacia mí - en aras de Ti. Prepara mi corazón y ayúdame a orarte con cada fibra de mi corazón y mi alma. Que mis plegarias fluyan de mi boca en todo momento, libremente y sin interferencia.

El Santo Pacto

Señor del Mundo, quien "lleva a Iosef como un rebaño; Tú que te sientas entre los querubines": Con amor, haz brillar la luz de Tu santidad sobre mí. Que un espíritu de santidad y de pureza descienda dándome el poder de controlar, dominar y quebrar la mala inclinación.

En Tu abundante amor y gran bondad, permíteme a mí y a todos mis descendientes cuidar el santo Pacto. Ayúdame en todo momento y cuídame de toda impureza y daño al Pacto, así sea en pensamiento, palabra o acción, de manera involuntaria o intencional, bajo compulsión o voluntariamente, así sea con mis ojos, oídos o con los demás sentidos. Pueda santificar y purificar todas mis facultades con la santidad del Pacto y no hacer nada que lo quiebre o dañe de manera alguna.

Pues en Tu gran amor Tú nos has elegido de entre todas las naciones y nos has exaltado por sobre todos los pueblos. Tú nos has separado de sus impurezas y malas acciones, tal como escribiste para nosotros en Tu Torá: "Yo los he separado de las naciones para que sean Míos" y

Tú nos has llamado a todos Tzadikim, como está dicho, "Y Tu pueblo son todos Tzadikim".

Por favor, Dios misericordioso, no hagas de Tu santa Torá un documento vacío, Dios no lo permita, pues Tu Palabra es verdadera y perdura por siempre. Trata bondadosamente conmigo y ayúdame a ser un genuino Tzadik permitiéndome cuidar el Pacto. Sólo de esa manera se puede llegar a ser digno del nombre de Tzadik, tal como Tú nos has informado a través de las enseñanzas de Tus santos sabios, quienes dijeron que sólo aquel que cuida el Pacto es llamado un Tzadik.

Tú ayudaste a Iosef el Tzadik cuando fue probado: Tú lo salvaste y le diste la fuerza para superar su mala inclinación. De la misma manera, despierta Tu compasión por mí. Mediante el mérito de la fortaleza de Iosef, dame inteligencia, sabiduría, comprensión y conocimiento, santa fuerza y poder, para ser capaz de evitar toda impureza en mi vida y conquistar mis impulsos e inclinaciones. Que mis pensamientos estén unidos y apegados a Tu santidad, en todo momento, sin interrupción alguna.

Al purificarme y observar el Pacto, permíteme ofrecerte mis plegarias de la manera apropiada, sin inhibiciones, restricciones ni confusión. Acepta mis plegarias y despierta Tu amor por mí. Vuélvete a nosotros nuevamente y redímenos rápidamente. Envía a nuestro recto Mashíaj. Hazlo en aras de Ti y no por nosotros. Ayúdame a ordenar mis plegarias de la manera apropiada. Otórgame inteligencia y comprensión. Pueda utilizar el juicio para medir mis palabras, para que al orar no tropiece con lo que diga ni me aleje a derecha ni a izquierda del sendero recto y verdadero.

Caridad

Dios compasivo: Ayúdame a darles caridad a personas genuinamente necesitadas. Envíame abundante dinero y gente digna a quien darle caridad. "Poderoso es el Rey que ama la justicia. Tú estableciste la equidad. Tú has hecho justicia y rectitud en Iaacov". "Pues todo proviene de Ti - de Tu mano te hemos dado".

Dios: Tú tratas caritativamente con todos. Sé caritativo conmigo y pueda yo encontrarme entre aquellos que dan caridad. Retira el mal de mi corazón y permíteme dar caridad con alegría y con una expresión bondadosa. Que no tenga ningún mal sentimiento al darles regalos a aquellos que los necesitan. Haz que pueda abrir mis manos y darles suficiente como para cubrir todas sus necesidades. Que mi corazón vaya hacia los hambrientos y pueda yo vestir a los que están desnudos.

En el mérito de mi caridad, bendíceme, HaShem y ayúdame a expresarme ante Ti en las plegarias, perfectamente. Que mis oraciones sean puras y aceptables. Que no tenga ningún pensamiento externo al orar, de modo que ninguna barrera pueda interferir entre Tú y mis plegarias.

Estudio de la Torá

Por favor, Dios misericordioso y gracioso, haz que pueda dedicarme al estudio de la santa Torá durante muchas horas cada día. Permíteme estudiar la Torá por sí misma. Que mi único motivo al estudiar sea guardar, observar y cumplir toda la Torá con amor.

Las letras de la Torá que salen de mi boca al estudiar son "chispas de almas". Que todas ellas entren, se unan y se invistan en las santas palabras de mis plegarias y allí se desarrollen y renueven. Que la luz de mis plegarias brille con pleno fulgor, tal como Tú nos has enseñado a través de Tus santos sabios de bendita memoria.

Ayúdame a esforzarme con mis plegarias en todo momento. Que nunca desespere ni deje de llamarte y orarte. Hazme tener una fe perfecta en la plegaria. Nuestro exilio ha durado demasiado. Tu pueblo, la casa de Israel, clama a Ti cada día y apela a Ti para que hagas brillar Tu rostro sobre él, para que construyas nuestro Santo Templo y nos redimas por la eternidad. Pese a todo ello, aún no hemos sido liberados. Aun así, podamos llegar a creer y a saber con una firme y perfecta fe que ninguna plegaria se pierde nunca, ni es en vano, Dios no lo permita.

Unifico mis plegarias a los verdaderos Tzadikim

Por el contrario, los Tzadikim de cada generación elevan nuestras plegarias y las colocan, cada una, en su lugar apropiado, construyendo a partir de ellas, si así pudiera decirse, la estructura de la Shejiná. Finalmente toda la estructura estará completa y vendrá el Mashíaj quien culminará la obra a la perfección, elevando en plenitud a la Shejiná.

Quisiera unir mis plegarias a todos los Tzadikim de nuestra generación. Y Tú, en Tu abundante misericordia, despierta los corazones de los verdaderos Tzadikim de la generación y dales el poder de tomar mis plegarias y elevarlas a Ti.

Es posible que mis plegarias estén lejos de ser perfectas. Hay mucho en ellas que no está bien. Es posible que no haya ni siquiera una palabra ni una letra que sea pura y limpia. Mis palabras son confusas y lo que digo está lleno de errores. No hablo con la concentración y la conciencia apropiada y mis palabras están lejos de mis pensamientos.

Incluso así, Tu amor y bondad son avasallantes: dales a Tus verdaderos Tzadikim el poder de elevar todas mis plegarias, de limpiarlas y purificarlas de todos los daños e impurezas. Que mis plegarias se eleven y encuentren favor delante de Ti y que los Tzadikim las utilicen para construir la estructura de la Shejiná, para prepararla, sustentarla y sacarla fuera del exilio. Levanta, mediante nuestras plegarias, el caído Tabernáculo de David y devuelve Tu Presencia Divina -la Shejiná- a Sión y haz brillar Tu rostro sobre nosotros.

"Vuélvete a mí y muéstrame Tu favor, pues no pongo mi confianza en mi arco, ni mi espada me salvará". Sólo en Tu Nombre ponemos nuestra confianza. "¡Pues sólo a Dios alabamos todo el día y agradecemos a Tu Nombre por siempre!".

Mashíaj

Despierta a nuestro recto Mashíaj para recibir nuestras plegarias y elevarlas delante de Ti. Que mis plegarias y aquellas de todo Tu pueblo Israel sean una espada de doble filo en su mano para protegernos y cubrirnos, para luchar con aquellos que nos enfrentan y defender nuestra causa. "Él se apiada del pobre y del necesitado y salva las almas de los caídos". "Toma el escudo y la armadura, levántate para ayudarme. Ajusta la espada en tu muslo, poderoso guerrero, tu majestad y tu esplendor".

Hazlo en aras de Ti y no por nosotros - pues incluso nuestras pocas buenas acciones, nuestra caridad y nuestras plegarias provienen de Ti. "Pues todo proviene de Ti y de Tu mano Te hemos dado". Así está escrito, "¿Quién vino antes que Yo para que Yo le pague?". "No a nosotros, HaShem, no a nosotros, sino a Tu Nombre da gloria, por Tu bondad y verdad". "En Tu abundante bondad, dame vida para que pueda cuidar el testimonio de Tu boca". Cumple para nosotros el versículo: "Por Mí lo haré, pues cómo puedo dejar que Mi Nombre sea deshonrado. No le daré Mi gloria a otro". "Él magnifica la salvación de Su rey y hace bondad para con Su ungido - con David y sus descendientes por siempre". Amén. Selá.

3

Música y canciones / Superando el sueño / Estudio de la Torá

El estudio de la Torá por la noche ayuda a refinar y a purificar la voz, permitiéndonos elevar a la Shejiná con canciones y melodías sagradas, para revelar el reinado de Dios.

HaShem, Dios nuestro y Dios de nuestros padres, Quien eligió a David Su siervo y a sus descendientes y que se deleita con la canción de alabanza:

En Tu gran amor y bondad, recuerda Tu poderosa Presencia, la Shejiná, que ha estado vagando lejos de Su lugar como un pájaro lejos de su nido. "Levántate, ten piedad de Sión, porque es tiempo de mostrarle favor, pues ha llegado el momento". Levanta a la Asamblea de Israel de allí en donde ha caído, y en Tu abundante amor ayúdanos y permítenos elevar nuestras voces en canción.

Dame el poder de alabarte con alegría, con canciones e himnos. Pueda cantar melodías todos los días de mi vida, con una voz dulce y agradable, de la manera que Tú amas.

Y ayúdame a estudiar Tu santa Torá por ella misma, constantemente, día y noche. Cuando Tú le entregaste Tu santa Torá a Tu siervo Moshé, Tú estudiaste la Torá Escrita con él durante el día y la Torá Oral por la noche. De la misma manera, ayúdame a estudiar y a meditar en Tu santa Torá constantemente y ayúdame a estudiar la Torá Escrita y la Torá Oral, día y noche.

Señor del Mundo, ayúdame con amor y dame la fortaleza para ganar la batalla en contra del sueño. Pueda yo eliminar el sueño de mis ojos para que pueda estudiar Torá cada noche y aprender los sesenta tratados de la Mishná junto con la Santa Guemará - aprender, enseñar, observar, hacer, cumplir y practicar por ella misma. "¡Levántate, canta en la noche al comienzo de las guardias!". Que con ello un hilo de bondad descienda sobre mí. "Durante el día HaShem ordenará que se revele Su amorosa bondad y por la noche Su canción estará conmigo, una plegaria al Dios de mi vida".

Y de esta manera, ayúdame y protégeme de los malos efectos producidos por el hecho de escuchar música corrompida - las canciones y melodías de las almas caídas, "pájaros atrapados en la red". No permitas que me dañen ni me distraigan de mis devociones espirituales. Dame el poder para elevarlas y refinarlas, elevarlas y restaurarlas al ámbito de la santidad, y erigir el caído Tabernáculo de David.

En Tu abundante amor, despierta a la Rosa del Sharon -la Shejiná- para cantar con voz de alegría y exaltación. Y Tú solo, HaShem, gobierna rápidamente sobre todos los mundos, para cumplir con el versículo: "Canten a Dios, canten; canten a nuestro Rey, canten. Pues Dios es Rey por sobre toda la tierra. ¡Canten, oh iluminados!".

Recuerda a Tu pueblo Israel, que está diseminado entre las naciones y recuerda Tu Santo Templo, destruido y sin habitantes. "También el pájaro se ha hecho un hogar y el gorrión un nido para poner sus huevos - en Tu altar, HaShem de las Huestes, mi Rey y mi Dios". Restaura a los sacerdotes en su servicio y a los Levitas en su plataforma con sus canciones e himnos y restaura a Israel en sus moradas.

Otórgame la sagrada sabiduría e iluminación para que pueda traer sobre mí, constantemente, el yugo de Tu reinado, y revelar al mundo Tu reinado y soberanía. Establece rápidamente el trono de David. Tráenos rápido y fácilmente a Mashíaj el hijo de David, el dulce cantor de Israel.

"Entonces nuestras bocas estarán llenas de risas y nuestras lenguas de alegría". Entonces cantaremos, alabaremos y nos regocijaremos delante de Ti todos los días, y se cumplirá el versículo: "HaShem vendrá a salvarnos y nosotros cantaremos canciones todos los días de nuestras vidas, sobre la Casa de HaShem". Rápidamente y en nuestros días. Amén.

4

*Teshuvá / Confesión de los pecados /
Apego al verdadero Tzadik / Superando
la depresión y la pereza / La calumnia
y las habladurías / Humildad / Bitul -
Autotrascendencia y entrega a Dios / El
reinado de Dios*

L os pecados cometidos se "graban en nuestros huesos" -
quedan inscriptos en la trama de nuestra personalidad y
en nuestras mismas almas. Pero la confesión de los pecados
delante del verdadero Sabio y Tzadik tiene el poder de eliminar
toda traza de ellos y traer una completa expiación y curación
espiritual.

Ver el rostro del Tzadik (y su "rostro" interior - i.e., sus
enseñanzas de Torá) tiene el poder de sacar a la persona de
la depresión y de los deseos físicos. Darle caridad al Tzadik (y
a las instituciones dedicadas a la difusión de sus enseñanzas)
permite evitar el pecado de la calumnia y quiebra el orgullo.
Entonces, cuando uno se confiesa delante del Tzadik, éste puede
otorgarle una guía para andar en el sendero de la vida. Es posible
alcanzar un completo *bitul* - abandono y autotrascendencia,
especialmente en la plegaria, y quedar unido con el Infinito.
Entonces se llega a comprender que todo lo que sucede es para
nuestro bien y a tener así un anticipo del Mundo que Viene,
incluso en esta vida.

Pero hoy en día los verdaderos Tzadikim están ocultos. ¿Cómo podemos encontrarlos y acercarnos a ellos?

Señor del Universo: Qué bondad tan grande nos has mostrado. Con mano poderosa nos sacaste de Egipto. Tú nos separaste de las Cincuenta Puertas de la Impureza y nos llevaste a las Cincuenta Puertas de la Santidad y con amor nos diste Tu Santa Torá a través de Moshé, Tu profeta fiel.

"Si nuestras bocas estuviesen plenas de canciones como el mar, nuestras lenguas de alegría como sus múltiples olas, nuestros labios de alabanza como la expansión del cielo..." aun así no llegaríamos a agradecerte y alabarte lo suficiente por toda la bondad que Tú nos has demostrado. Tú nos has dado Tu santa y perfecta Torá. Nos has elegido de entre todas las naciones. Nos has santificado con Tus mitzvot que son más preciosas que el oro más puro. Una y otra vez Tú nos advertiste de no transgredir Tus mandamientos - para que nosotros y nuestros hijos podamos disfrutar de Tu bondad por siempre.

Confesión de los pecados

Y ahora, después de toda esta grande y tremenda bondad y misericordia, ¿qué puedo decir? Soy la más baja de Tus criaturas y aun así Tú eres piadoso con todos y me has colocado en una posición privilegiada al haberme hecho judío. Al haberme hecho miembro del pueblo de Israel, de la Nación Santa. Tú has puesto Tu Nombre sobre nosotros, pues Tu Nombre está unido con el nuestro.

Luego de todo esto, ¿qué puedo decirte, Dios exaltado? ¿Cómo puedo hablar delante de Ti, caído siervo como soy? ¿Cómo puedo abrir mis labios y estar delante de Ti, después de haber fallado y no haber hecho aquello que es para mi bien? Con mis propias manos he rechazado Tu gran bondad y misericordia y no he observado Tus preciosas y amadas mitzvot, que son la bondad y la misericordia más grandes.

Dios de Israel, ¡cómo he pecado contra Ti! He pecado, he transgredido y me he rebelado, haciendo aquello que es malo a Tus ojos... [Uno debe especificar aquí sus pecados en detalle]. HaShem, Tú eres recto y yo estoy avergonzado y apenado. ¿Qué puedo decir? ¿Cómo puedo justificarme? He actuado mal y yo mismo me he privado del bien que podría haber tenido. He manchado mi propia santidad.

El daño que he hecho es tan inmenso. "Mi pecado es demasiado grande de sobrellevar". Mis pecados son demasiados como para ser contados. Con tantas transgresiones soy como un borracho embotado por el vino. Mis pecados han pasado por sobre mi cabeza, como una carga demasiado pesada de llevar. El solo pensar en ello me llena de pánico y de confusión y hace temblar todos mis huesos. "No hay paz en mis huesos debido a mis pecados". Éstos están grabados en mis huesos, desde la planta de mis pies hasta la cima de mi cabeza. Debido a todos mis pecados y transgresiones ni un solo hueso me ha quedado sano. Cada uno de ellos ha sido quebrantado y despedazado debido a los muchos pecados que están inscriptos allí.

Cuán amargo es: más amargo que la muerte, lo más amargo del mundo. Y la verdad es que aún no he comenzado siquiera a sentir la mínima fracción del dolor de uno solo de mis pecados. Tanto he pecado que mi corazón se ha cerrado y mi mente está tan confusa que he perdido toda conciencia de mi verdadero yo y esencia.

Si al menos pudiese sentir el más pequeño dolor por incluso uno solo de mis innumerables pecados y por el daño que he hecho a la raíz de mi *Nefesh*, *Rúaj* y *Neshamá* y a los mundos superiores... Me he rebelado contra el Señor de Todo, a quien los cielos y los cielos de los cielos no pueden contener, en temor de cuyo Nombre todos los poderosos ángeles, los Serafim, los Ofanim, las santas Jaiot y los superiores mundos sobre mundos hasta la eternidad, todos tiemblan y se estremecen. Todos ellos hacen Su voluntad con temor, temblor y amor.

Y yo, la criatura más baja e insignificante de todas, una gota pútrida, un montón de tierra y de volátil polvo, me he rebelado en contra del Dios del Universo, bendito sea Su Nombre por siempre. Esto sé y creo, que si comenzase a sentir la mínima fracción de amargura y de dolor por al menos uno de mis muchos pecados y transgresiones, el sonido de mi clamor sería insoportable. Yo mismo sería incapaz de soportar mi propio llanto y el terrible dolor y amargura de mi corazón, ni siquiera por un momento. El mundo entero no podría soportar el sonido de mi llanto.

¡Mi pobre alma! Me estremezco ante el sonido. Tiemblo ante la visión. He sido tan, pero tan tonto. Mis malas acciones y mis muchos pecados han dejado una mancha en Tu santa y perfecta Torá. He tomado el mensaje puro y claro de las santas letras de la Torá -las palabras del Dios Vivo- y las he distorsionado y degradado de manera inenarrable. Estas distorsiones están inscritas en mis mismos huesos. Mis acciones les han dado poder y dominio a los idólatras y mis pecados han alargado el exilio. Luego de todo esto, ¿tengo acaso el derecho de reclamarle al Rey?

Apego al verdadero Tzadik

Aun así, no pierdo mi esperanza en HaShem, pues Él ama la misericordia. Tú quieres que el malvado retorne y que no muera. En Tu gran amor, Tú nos has enseñado a confesar nuestros pecados y transgresiones delante de Ti. A través de Tus santos sabios, que ahora descansan, nos has enseñado a ir delante del verdadero Sabio y Tzadik y confesarnos abiertamente en su presencia, para que nuestros pecados puedan ser expiados.

Así esta escrito: "La ira del Rey [se expresa a través] de emisarios de muerte, pero el hombre sabio podrá expiarlo". Pues "Él pasa por alto la transgresión en aras del *remanente...*" - "...en aras de aquel que se hace a sí mismo como remanente [debido a su humildad]". Esto hace referencia al verdadero Tzadik y Sabio de la generación, que es "más humilde que todo hombre sobre la faz de la tierra".

Con su humildad, el Tzadik tiene el poder de elevar delante de Ti las palabras de nuestra confesión y traer la expiación para todos nuestros pecados, retirando el mal que ha quedado grabado en nuestros huesos como resultado de haber transgredido. Así se rectifican las distorsiones de las enseñanzas de la Torá, para que el mensaje puro y claro de las letras pueda brillar como al comienzo - todo mediante la confesión delante del Sabio. Entonces nuestros quebrantados huesos serán curados y colocados nuevamente en su lugar apropiado, mediante esto quedaremos sumergidos en Ti para siempre.

Por favor, Dios misericordioso, que actúas para que nadie sea rechazado, "HaShem, recuerda Tu amor y misericordia, que son eternos". La mano del enemigo se ha levantado y no tenemos nadie que nos guíe ni sustente. ¿Qué podemos hacer ahora, HaShem, Dios nuestro? Hemos quedado huérfanos, sin padres: no tenemos a nadie que se levante por nosotros. Hemos perdido a nuestros piadosos. Los verdaderos Tzadikim y Sabios de la generación, que tenían el poder que he mencionado y mucho más también, han dejado este mundo debido a nuestros muchos pecados. Y aquí estamos, solos, vacíos y carentes de bien. Somos como un mástil solitario en la cima de una montaña y como una bandera sobre una colina.

Muéstranos a los Tzadikim

Ciertamente no hay una generación huérfana. Pues debe haber verdaderos Tzadikim incluso en esta generación. Pero están ocultos de nuestros ojos. No sabemos quiénes son y no podemos acercarnos a ellos. HaShem, ¿hacia dónde iremos para encontrar el remedio para nuestras heridas? ¿Dónde está el médico de las almas que pueda vendar y curar nuestras heridas y aliviarnos de nuestro desesperado dolor?

¡Hemos sido robados! ¡Todo corazón se licúa y las rodillas de todos tiemblan! El sol se ha puesto en medio del día. Nos ha sido quitado el deleite de nuestros ojos - aquel que nos daba ánimo y nos inspiraba con vida y vigor, el orgullo de nuestras cabezas, nuestra gloria y fortaleza, nuestro *Nefesh, Rúaj* y *Neshamá*, nuestra santidad y pureza - los verdaderos Tzadikim, los piadosos más elevados, que nos han dejado debido a nuestros pecados. Ellos se han ido a su descanso y nos han dejado con nuestros gemidos. ¡HaShem, mira cuán bajo ha caído Tu pueblo!

Pero Tú, Dios de verdad, escudriñas todos los corazones. Tú conoces nuestros más íntimos sentimientos. Tú sabes de la fuerza de mi deseo y anhelo, al igual que el de todo Tu pueblo, la Casa de Israel, por encontrar la cura para nuestras heridas. Todos aquellos que sienten dolor en el corazón anhelan, desean y esperan acercarse al verdadero Tzadik, para que pueda llevarlos de retorno, sacándolos de sus pecados, rectificando sus transgresiones y mostrándoles el sendero que deben seguir y lo que deben hacer.

Y ahora, HaShem, Dios nuestro, ¿dónde está Tu bondad de otrora? Toda generación tuvo verdaderos Tzadikim que llevaron al Pueblo judío, tomándolo en sus brazos como un ama de leche toma a un pequeño niño. Ellos les enseñaron el sendero hacia Dios y los acercaron a Ti. Entonces, ¿por qué nos has abandonado y nos has golpeado con "una herida que no figura en la Torá" - "es decir la muerte de los Tzadikim", que es más difícil de soportar que la destrucción del Santo Templo?

¿Por qué debe la Asamblea de Dios ser como un rebaño sin pastor? Somos huérfanos de huérfanos, niños que nunca han visto la luz. Estamos sucios con toda clase de locura, llenos de pecados y de transgresiones. ¿Qué debemos hacer? ¿Adónde podemos ir en busca de una cura? ¿Cómo podemos escapar de nuestra propia locura, del dolor en nuestros corazones y de la corrupción de nuestros actos?

Por favor, HaShem, perdónanos y sálvanos de la destrucción. Vente tras Tu disperso rebaño, pues no hay nadie que nos pueda juntar. Tú Mismo nos acercaste en Tu abundante amor y misericordia. Soy plenamente consciente que después de las terribles cosas que he hecho no soy digno de acercarme a Ti. Mis acciones han sido despreciables y mis pensamientos tremendos. He hecho las mismas cosas malas una y otra vez. Una y otra vez Te he prometido que no volvería a mis malas acciones ni Te volvería a enojar, pero no fui capaz de mantener mis promesas ni siquiera por un corto tiempo. Siempre y con rapidez volví a mis malos caminos. Esto ha sucedido una y otra vez. ¿Cómo puedo, entonces, atreverme a venir delante de Ti y tratar de aplacarte?

Pero nosotros sabemos, HaShem, que Tus pensamientos están por sobre nuestros pensamientos y que el poder y la profundidad de Tu amor y misericordia están mucho más allá de la comprensión de nuestras mentes. Es imposible aprehender las tremendas alturas de Tu amor y misericordia. "La misericordia de HaShem nunca acabará, ni Su amor terminará". Mientras haya vida habrá esperanzas. "Tú haces volver al hombre al polvo" y "Hasta incluso en el momento en que la vida misma es molida como polvo, los pecadores son recibidos". He confiado en Tu gran amor y me apoyo en Tu misericordia. Yo sé que Tú no me abandonarás.

Tú solo conoces la amplitud del daño que he hecho. Me es imposible comenzar a comprender incluso la mínima fracción del daño causado por mis pecados. Aún no soy completamente consciente de contra quién he pecado y me he rebelado, pues mis pecados han hecho que Tu grandeza esté oculta de mí. Tú solo sabes lo que he hecho y el daño que he causado - qué fue, cuánto y contra quién. Pues nadie sabe nada de Ti excepto Tú mismo, bendito sea Tu Nombre por siempre.

Pese a todo ello, el poder de Tu amor y misericordia están más allá de todo. Tú conoces nuestra naturaleza y nuestras inclinaciones, y Tu deseo es mostrar misericordia. Tú no quieres la muerte del pecador sino que retorne de sus maneras y viva. Tú lo esperas hasta el día de su muerte y si se arrepiente Tú lo recibes inmediatamente.

He venido por lo tanto delante de Ti, HaShem, mi Dios y Dios de mis padres, con un corazón quebrantado y un espíritu humilde, para rogarte que tengas piedad de mí y de todo Tu pueblo, la Casa de Israel. Envíanos a los verdaderos Tzadikim quienes tendrán el poder de curarnos y de hacernos retornar en una completa Teshuvá, de restaurar nuestras almas y traer la expiación para nuestros pecados.

Superando los malos instintos y la depresión

En Tu bondad y misericordia, otórgame el que pueda acercarme a los verdaderos Tzadikim y contemplar la radiante luz de sus rostros, para salvar mi alma de las "espinas" y de los "pozos" de los malos deseos, de la depresión, de la pereza y sus derivados. Al ver los rostros radiantes de los verdaderos Tzadikim y al acercarme a ellos, mi alma se salvará de esos malos rasgos. Con Tu amorosa ayuda podré superar y eliminar todos los deseos materiales.

No tendré deseo alguno de las cosas del mundo más allá de Ti; y todo mi anhelo, deseo y voluntad estarán centrados sólo en Ti y en Tu servicio. Te serviré con toda mi voluntad y fervor y estaré contento en todo momento. Eliminaré de mí la pereza y la depresión por siempre. Me regocijaré en Ti y "serviré a HaShem con alegría y un corazón regocijado en la abundancia de todo", y siempre estaré contento.

Calumnia y Orgullo

Otórgame el que pueda también dar caridad a los verdaderos Tzadikim, para poder salvarme de las "bestias salvajes" y de los "ladrones" - de la calumnia, el orgullo y sus derivados. HaShem, Dios amoroso: ayúdame para que al hablar lo haga de manera que todo lo que diga sea sólo en aras de Tu Nombre y de Tu servicio. Que nunca me dedique a las conversaciones vanas. Que todas mis palabras sean de Torá, de servicio a Dios y de temor al Cielo.

En particular, sálvame a mí y a todo Tu pueblo, la Casa de Israel, del pecado de la calumnia y de las habladurías, que es grave en extremo. Que nunca diga una sola palabra mala sobre algún judío en el mundo entero. "Dios mío cuida mi lengua del mal y mis labios de hablar con astucia". Sálvame de la calumnia y de las habladurías y de todo aquello que tenga el mínimo atisbo de ello, de ahora y para siempre.

Otórgame el que pueda ser capaz de alcanzar la verdadera humildad y que mi alma sea como el polvo para todos. Que pueda conocer mi propia bajeza. Sálvame de la ira. Que nunca me enoje por nada. Sálvame de la impaciencia. Borra toda ira e irritabilidad de mi corazón. Pueda hacer de Tus cualidades divinas el modelo para todo mi comportamiento y que siempre esté bien dispuesto con todos. "Ante aquellos que me maldicen, mi alma está en silencio". Sálvame de la pobreza y de la necesidad y envíame el sustento en abundancia, incluso antes de necesitarlo, a través de medios honestos, honorables y fáciles. Otórgame todas mis necesidades con Tu siempre abierta y amplia mano, para que pueda genuinamente hacer Tu voluntad, todos los días de mi vida desde ahora y por siempre.

Con amor permite que pueda estar delante del verdadero Tzadik y Sabio de la generación y hacer una completa confesión de todos mis pecados y transgresiones, desde mis primeros días hasta hoy, para que él pueda traer la expiación para mí a través de su sabiduría y humildad; enseñarme el sendero correcto que debo seguir y cómo debo comportarme. Con su ayuda, pueda unirme con el Infinito y alcanzar la verdadera entrega y autotrascendencia, hasta quedar completamente libre de todo pensamiento y deseo material, para retornar y elevarme al lugar desde donde fue tallada mi alma.

Bitul - Entrega y apego a Dios

Ábreme Tu gran luz -la luz que no tiene fin- y pueda yo quedar sumergido en ella lo más posible en esta vida. Especialmente durante las plegarias, ayúdame a estar verdaderamente unido y entregado a Ti al punto en que sea borrado todo ego independiente y yo quede completamente separado de los pensamientos y deseos materiales.

Cuando HaShem quiere ayudar, ningún obstáculo se lo impide. Es posible que yo sea burdamente materialista debido a mi profundo exilio entre las pasiones del cuerpo y sus rasgos negativos. Estoy unido a mi cuerpo como un prisionero encadenado y atormentado. Pese a ello, Tú eres poderoso y abundante en salvación. Para Ti, nada es imposible. Espero confiado, anhelando y expectante de que Tú me muestres Tu abundante amor y me otorgues todo lo que Te he pedido, para que pueda anular por completo todas mis pasiones corporales y malos rasgos.

Pueda yo trascender todos los pensamientos y deseos materiales hasta quedar genuinamente sumergido en Ti, todos los días, de la manera más plena posible en esta vida, hasta el día en que Tú tomes finalmente mi alma; entonces me llevarás con amor a unirme Contigo para siempre. Ningún pecado ni transgresión me detendrán, pues en Tu abundante bondad y tremenda misericordia Tú me perdonarás por todo.

Todo es para bien

Ayúdame a dejar de lado mis propios deseos a favor de Tu voluntad. Que no tenga otro deseo en el mundo más que el que mi voluntad sea siempre Tu voluntad. Hazme saber que HaShem es Dios y que la misericordia y la justicia provienen ambas de una sola Fuente. Pueda yo comprender que, no importa lo que me suceda, todo es para mi bien. Pueda yo bendecirte por todo como "Que es Bueno y Hace el Bien", tal como se Te bendecirá en el futuro, como está escrito: "Alabaré a Elokim [cuando Dios actúe conmigo a través de Su atributo de justicia]; alabaré a HaShem [cuando Él actúe conmigo a través de Su atributo de misericordia]".

Levantémonos y restauremos el caído Reino. Que Tu Reinado le sea revelado al mundo entero. Que sea quebrado y destruido el poder del mal y eliminado el dominio de los idólatras sobre nosotros y sobre Tu pueblo Israel. Y Tú, HaShem, gobernarás solo sobre todos Tus mundos.

HaShem, Señor del Universo: Tú sabes que podría alcanzar todos esos niveles con la ayuda de los verdaderos Tzadikim. Por lo tanto, apelo a Ti para que reveles a los verdaderos Tzadikim de esta generación. Muéstrame quiénes son y ayúdame a acercarme a ellos, para que con su ayuda pueda lograr todo lo que he pedido de Ti.

Si mis muchos pecados han creado una barrera entre mí y los verdaderos Tzadikim, haciendo que ellos se oculten de mí y haciéndome imposible descubrir quiénes son, sea Tu voluntad, HaShem nuestro Dios y Dios de nuestros padres, que Tú Mismo, en Tu abundante amor me ayudes a alcanzar todo lo que Te he pedido. Que mi confesión delante de Ti sea aceptada como si hubiera sido una confesión delante del verdadero Sabio y Tzadik de la generación. Ayúdame a anular todos mis rasgos negativos y malos deseos y a alcanzar todas las cualidades positivas y los niveles espirituales que podría haber alcanzado con la ayuda de los verdaderos Tzadikim. Otórgame todo lo que he pedido de Ti y también aquello que no he mencionado.

Ayúdame en todas las diferentes áreas en las cuales necesito ser ayudado, HaShem, pues Tú eres mi Padre y no tengo a nadie en quien apoyarme salvo en Ti, mi Padre en el Cielo. Tú sabes cuánto anhelo acercarme al verdadero Tzadik, pero debido a mis muchos pecados no sé quién es ni dónde está. Si sólo supiera y lo pudiese encontrar, "saltaría por sobre las montañas y correría sobre las colinas", para acercarme a él. "Le contaría sobre el número de mis pasos" - le hablaría sobre cada detalle de mi vida.

Dios amoroso, contempla mi miseria y dolor, mira mi miseria y amargura. "Me miro y soy como un pájaro solitario sobre el tejado" - pues no tengo adónde recurrir por ayuda. A Ti solo elevo mis ojos. Por favor, apiádate de mí. Perdóname y otórgame la expiación de todos mis muchos pecados y transgresiones. "HaShem es el Dios de amor y de perdón, aunque nos hayamos rebelado en Su contra. En aras de Tu Nombre, HaShem, perdona mi pecado, aunque sea tan grande. Pues Contigo está el perdón, para que puedas ser temido".

Ayúdame y otórgame todo lo que he pedido como un don gratuito y un acto de caridad y de bondad. Si he tropezado con mis palabras, Tú, HaShem, otórgame la expiación. Permite que incluso en este mundo pueda tener un anticipo del Mundo que Viene y entregarme totalmente a Ti, sabiendo que todo lo que me sucede es para mi propio bien. Pues HaShem es bueno para todo. Otórgame el privilegio de revelar Tu Reinado en el mundo - "Para que todas las naciones de la tierra sepan que HaShem es Dios y que no hay ningún otro. Y HaShem será Rey sobre toda la tierra. En ese día HaShem será uno y Su Nombre será uno. Que las palabras de mi boca y los pensamientos de mi corazón sean aceptables delante de Ti, HaShem, mi Roca y mi Redentor".

5

Rosh HaShaná / Shofar / Plegaria intensa y Devoción / Superando los temores mundanos al cultivar el temor al Cielo / Conquistando las dudas, las ideas extrañas, los pensamientos pecaminosos y la confusión mental / Pesaj - Jametz y Matzá / Fe en los Tzadikim / Alegría en las Mitzvot

"Es una gran mitzvá estar siempre alegres". La única manera de experimentar la genuina *simja* en nuestros corazones es "enderezando primero nuestros tortuosos corazones" - limpiándonos de los temores y de los deseos mundanos, para buscar a Dios con sinceridad y honestidad. Esto se logra cuando ofrecemos nuestras plegarias con una intensidad tal que las palabras mismas resuenan en nuestros corazones como el trueno, inspirándonos el temor al Cielo. Para que el mensaje espiritual de nuestras plegarias pueda penetrar en nuestras mentes, debemos liberarnos del escepticismo, de los pensamientos pecaminosos y de todo aquello que disminuya nuestra fe completa en Dios y en los verdaderos Tzadikim.

En una nube de gloria Te revelaste a Tu santo pueblo, cuando le hablaste en el monte Sinaí. "Con sonido de truenos y fulgor de relámpagos Te revelaste, y con el sonido del Shofar apareciste…" para enseñarle a Tu pueblo Torá y Mitzvot.

El Sonido del Shofar

Señor del Universo: Hazme digno de oír el shofar en Rosh haShaná ejecutado por alguien que sea genuinamente puro y temeroso de Dios. Que el sagrado sonido del shofar penetre en mi mente como un trueno, hasta que sienta verdadero miedo y temor de HaShem y de Su radiante gloria, para que sea enderezado mi tortuoso corazón y pueda alcanzar la pureza interior y la santa alegría, como está escrito: "Y alegría para el puro de corazón".

"Feliz del pueblo que conoce el sonido del shofar, HaShem, andará a la luz de Tu rostro. Se regocijará en Tu Nombre todo el día y en Tu rectitud será exaltado". HaShem, permíteme experimentar este versículo en mi propia vida.

Y al oír el shofar ejecutado en Rosh HaShaná por alguien verdaderamente temeroso de Dios, cuídame y protégeme durante todo el año de todos los temores y de todo posible daño como resultado de los truenos. "Con truenos y relámpagos Tú te les revelaste y con el sonido del shofar Tú te les apareciste".

Alegría de las Mitzvot

HaShem, nuestro Dios y Dios de nuestros padres: Ayúdame en tu bondad a cumplir con Tus mitzvot con gran alegría. Hazme digno de orarte con toda mi fuerza. Que las diferentes fuerzas en mis doscientos cuarenta y ocho miembros, mis trescientos sesenta y cinco tendones, en mi carne, en mis huesos, en mis venas y arterias, en mi sangre, en mi cerebro, en mis nervios que se extienden por todo mi cuerpo, en mis cinco sentidos y en todas mis otras facultades, entren en mis plegarias y se unan allí.

Pueda ser digno de emitir los sonidos y palabras de las plegarias con gran fuerza. Que mi voz surja como el trueno y que el sonido de mi voz despierte mi concentración, para que pueda oír y comprender las palabras que estoy diciendo desde mi corazón. Pueda orar con una intensa concentración y devoción. Y permíteme alcanzar el nivel más elevado del temor al Cielo: el temor a Tu grandeza y exaltación.

Protégeme de todos los temores externos, para que no le tema a nada ni a nadie en el mundo - ni a los poderosos oficiales, ni a las personas importantes, ni a los animales salvajes, ni a los violentos ladrones, ni a nada en el mundo entero. Que no tenga ningún temor externo en absoluto. Que sólo te tema a Ti en todo momento y ayúdame a experimentar el supremo temor a Tu grandeza.

Pensamientos Puros

Dios amoroso: Ayúdame a liberar mi mente y mis pensamientos de las ideas y teorías que están en conflicto con la Torá, para que no ensucie mi inteligencia y sensibilidad con pensamientos y deseos pecaminosos, ni embote mi mente con erróneas teorías. Libérame de toda duda y escepticismo y que mi mente y mis pensamientos sean puros, claros y santos.

Dame la fuerza para luchar contra los malos pensamientos, las dudas y los deseos pecaminosos que vienen a confundirme. Que siempre pueda mantenerlos fuera de mi mente. Que pueda derrotarlos y expulsarlos por completo. Que no tengan poder alguno para entrar en mi conciencia, en absoluto, y pueda yo santificar mi mente y mis pensamientos en todo momento.

Por favor, HaShem: Tú conoces el tremendo daño causado en los mundos superiores por el mínimo mal pensamiento y más aún por las malignas dudas que van en contra del fundamento mismo de la fe de la Torá, Dios no lo permita. Tales dudas producen un daño en todos los mundos y tienen el poder de desarraigar a la persona de la Raíz de la vida, hasta que se le vuelve extremadamente difícil arrepentirse y volver a descubrir el sendero de la vida. Tú solo conoces la amplitud del daño causado en los niveles más elevados por todo mal pensamiento e idea que llega a la mente.

Tú también conoces el tremendo poder que tales pensamientos tienen sobre nuestras mentes y su capacidad para confundirnos. Ellos nos presionan constantemente. Yo he pecado en esto muchas veces. No he logrado protegerme contra tales pensamientos ni he luchado en su contra y he causado un tremendo daño en mi propia mente debido a los malos pensamientos que he permitido entrar. Toda mi mente está llena de pensamientos extraños. He transgredido la prohibición en contra del *jametz* - fermentando y amargando mi mente con deseos prohibidos y escepticismo y permitiéndome caer presa de toda clase de distracciones sin sentido.

No sólo no he tratado de luchar en contra de esos pensamientos. Me he abierto a ellos, sin hacer ningún esfuerzo por expulsarlos. No he seguido el consejo dado por Tu Santa Torá de al menos sentarme pasivamente en lugar de buscar voluntariamente pensamientos pecaminosos: "siéntate y no hagas nada". No he escuchado a mis maestros.

Cuántos de mis días se han perdido debido a los pensamientos malos y confusos. "Me hundo en las profundidades del barro sin que nada me sostenga; he caído en las aguas más profundas y las corrientes me arrastran". Mi mente se encuentra en tal torbellino de malos pensamientos y de confusiones que, aunque quisiera, me sería extremadamente difícil luchar contra ellos.

"HaShem, Tú conoces mi locura y mi pecado no está oculto de Ti". He venido delante de Ti a postrarme, humillarme, a rogar y suplicar como un pobre a la puerta, suspirando, pidiendo y rogando por un regalo, un don gratuito y un acto de misericordia, para que me muestres Tu maravilloso amor y bondad y me saques de mi oscuridad y me lleves hacia la luz. Ayúdame a santificar mis pensamientos, hoy y para siempre.

Pesaj - liberación del *jametz*

Señor del Universo: Ayúdame a recibir toda la santidad de la festividad de Pesaj. Durante los ocho días de Pesaj, cuídame de transgredir la prohibición de comer incluso la mínima cantidad de *jametz*. Ayúdame a cumplir con la mitzvá de comer con gran santidad *matzá* en Pesaj y que pueda así recibir la luz de la comprensión espiritual y de la inspiración que brillan en ese momento.

Con la fuerza de esa inspiración permíteme mantener santos mi mente y mis pensamientos, todos los días del año y para siempre. Que pueda cerrar mi mente a los pensamientos extraños y vanos y ciertamente a los pensamientos malos y ateos. Que no entren en mi mente ni siquiera por un breve momento. Que no sea arrastrado por los argumentos persuasivos y las tentaciones de mi mala inclinación y pueda evitar todo debate con ellos.

Ayúdame a mantenerme firme frente a la mala inclinación, en todo momento y ante todas las ideas impropias y vanas. Pueda expulsarlas de mi mente y mantenerlas fuera hasta que finalmente desaparezcan por completo. No dejes que ellas tengan el mínimo apego o influencia en mi mente o en mis pensamientos. Pueda incluirme entre los verdaderos Tzadikim que luchan con las fuerzas no santas del *Sitra Ajara*, el "Otro Lado", para que no se acerquen al Santuario Sagrado.

Señor del Universo: Tú conoces la vergüenza y el dolor de los caídos. Recuerda la valía de mi pobre alma. Apiádate de mí en Tu bondad. Ayúdame, fortaléceme y dame ánimos. Santifícame con Tu exaltada santidad. Que Tu santidad y pureza desciendan sobre mí para que, de ahora en adelante, pueda ser capaz de cuidarme de todos los pensamientos impropios, de las confusiones mentales y especialmente del escepticismo y de los pensamientos pecaminosos de toda clase. Que mis pensamientos sean siempre santos, claros y estén libres de toda impureza.

Fe en los Tzadikim

Ayúdame con amor a tener fe en los verdaderos Tzadikim. Que ninguna duda entre en mi mente debido a las disputas entre los verdaderos Tzadikim. Que tenga una completa fe en todos los verdaderos Tzadikim y que no albergue ningún cuestionamiento sobre ellos o debido a las disputas entre ellos.

Señor del Universo: Es verdad que he malgastado las gotas de mi mente y de mi alma y que son mis propias deficiencias las que hacen difícil acercarme a los verdaderos Tzadikim y desarrollar una genuina fe en ellos. Ésta es la causa de las dudas que tengo sobre ellos. Pero aun así, HaShem, por favor, no me trates de acuerdo a mis pecados. No me juzgues duramente, pese a todo el daño que he hecho. En aras de Ti y no por mí, cumple con mi pedido y que no entre en mi corazón ningún cuestionamiento ni duda sobre los verdaderos Tzadikim o sobre sus disputas. Otórgame el que pueda tener una genuina y perfecta fe en todos ellos, siempre.

Ayúdame con amor a volver a Ti con sinceridad, y a caminar en la senda de la vida. Pueda reparar todo lo que he dañado. Ten compasión de mí y hazme retornar desde la muerte hacia la vida, del *jametz* a la *matzá*, de los malos temores a los buenos temores, de una voz dañada y del intelecto corrompido a una buena voz y a una buena mente. "Dame la sabiduría para conocer el sendero de la vida y estar satisfecho con la alegría de ver Tu rostro, para disfrutar lo agradable de Tu misericordiosa mano, por siempre". "Porque en Ti está la fuente de la vida. En Tu luz veremos la luz".

Amor y Temor a Dios

Nuestro Padre en el Cielo: Quien le da vida a todos los seres vivos. Dios Vivo, nuestra porción y nuestra roca: Sálvanos de la muerte. Redímenos de la destrucción. Guárdame a mí y a todo Tu santo pueblo, la Casa de Israel, de los malos pensamientos y dudas que son llamados "el lado de la muerte". En Tu abundante amor y bondad, otórgame vida. Hazme vivir una vida que sea verdaderamente buena, larga y eterna. Ayúdame a santificar mi mente, "la fuente de aguas vivas".

Hazme digno de amar Tu gran Nombre con un verdadero amor que se eleve directamente hacia Ti. Unifica mi corazón para que pueda amar y temer Tu Santo Nombre. Sálvame de los temores caídos, para que no le tema a nada en el mundo sino sólo a Ti. Que el temor a Ti se refleje en mi rostro, para que nunca peque.

Ayúdame a orarte con todas mis fuerzas. Pueda poner toda mi energía en las palabras de las plegarias y emitir los sonidos y palabras con una gran fuerza. Que mi voz penetre en mi mente y resuene como el trueno en mi corazón, inspirándolo a Tu servicio. Que el trueno de mi voz y de mis palabras me lleve al genuino temor al Cielo, para que mis palabras tengan una resonante influencia en acercarme a mí y a los demás al servicio y al temor a Ti.

Que la voz de nuestras plegarias se eleve y encuentre favor ante Ti, como las siete voces con las cuales clamó el rey David sobre las aguas: "La voz de HaShem está sobre las aguas, el Dios de gloria truena, HaShem está sobre las vastas aguas. La voz de HaShem tiene poder…". Que mi tortuoso corazón se enderece por completo. "Lo obcecado de mi corazón partirá y yo no conoceré mal alguno". Hazme digno de tener un corazón verdaderamente puro y que siempre pueda estar frente a Dios, con honestidad.

En aras del Cielo

Sea Tu voluntad, HaShem, mi Dios y Dios de mis padres, que en tu misericordia me ayudes a alcanzar una gran alegría, la verdadera alegría, en el servicio a Ti, como está escrito: "Sirve a HaShem con alegría...", "...Y regocíjate con temblor". Hazme digno de cumplir con todas las mitzvot con la alegría y el regocijo que provienen de la mitzvá misma. Que al llevar a cabo cada mitzvá, me regocije en el hecho de que *Tú* nos has dado con misericordia el privilegio de realizar esa mitzvá.

Que toda mi alegría provenga sólo de la mitzvá y no de los pensamientos sobre la recompensa que se recibe en el Mundo que Viene, y ni hablar del honor y otros beneficios externos que pueda esperar de los demás, o de las ventajas mundanas de la clase que sean. Que toda mi alegría provenga sólo de la mitzvá. Que mi Mundo que Viene esté en el cumplimiento mismo de la mitzvá, para que no tenga deseo alguno de recompensa por la mitzvá en el Próximo Mundo. Que mi recompensa sea el que Tú me otorgues otra mitzvá, como enseñaron nuestros Sabios: "La recompensa por una mitzvá es otra mitzvá".

Mediante Tus sagradas mitzvot, que *son* Tu unidad, pueda unirme completamente Contigo y que a través de mí se cumplan las palabras de los Salmos: "HaShem se regocijará en Sus obras" e "Israel se regocijará en su Hacedor". Alégrate en nosotros al otorgarnos la oportunidad de llevar a cabo aquellas acciones que sean buenas ante Tus ojos y que nos alegremos en Ti.

Ayúdanos con misericordia a llevar a cabo nuestras mitzvot con alegría y danos el poder de traer vitalidad y bendiciones Divinas a nuestros doscientos cuarenta y ocho miembros y trescientos sesenta y cinco tendones, y al mundo entero, todo el año, en las tres dimensiones: espacio, tiempo y alma. Que todos ellos sean bendecidos y reciban bondad, vitalidad, santidad y pureza a través de nuestro cumplimiento de las mitzvot con gran alegría.

Responsabilizándose por el mundo

Señor del Universo: Ayúdanos a cumplir a la perfección la enseñanza de nuestros Sabios, de bendita memoria: "Cada persona está obligada a decir, 'El mundo entero fue creado para mí'". Ayúdame a recordar constantemente esos mundos en mi corazón, para que siempre pueda mantenerme lejos del mínimo pecado o de todo aquello que vaya en contra de Tu voluntad, para que nunca sea la causa de ningún tipo de deficiencia, daño o impedimento, así sea en mí mismo o en el mundo entero. En su lugar, que siempre me ocupe de hacer todo aquello que mejore o beneficie al mundo o le provea para sus necesidades y que pueda orar por él.

En Tu abundante amor y bondad, ayúdanos a orar por el mundo entero y así proveer a sus necesidades. Ayúdanos a anular todos los malos decretos a través de nuestras plegarias. Otórganos el conocimiento para saber si el decreto ya ha sido sellado o no, de modo que podamos saber cómo orarte de la mejor manera y si es que, de ser necesario, debemos investir nuestras plegarias en la forma de narraciones. Aunque ahora estemos muy lejos de ese nivel de comprensión, aun así, todo está en Tus manos y para Ti nada es imposible.

"HaShem, no retengas de mí Tu amor; Tu misericordia y Tu verdad siempre me protegerán". Ayúdame a lograr todo lo que Te he pedido. Santifícame con Tus mitzvot y deleita mi alma con Tu salvación. Purifica mi corazón para servirte con sinceridad en el servicio del corazón -es decir, la plegaria- para que pueda orarte con toda mi fuerza y cumplir con Tus mitzvot con alegría, en todo momento.

"Que las palabras de mi plegaria sean dulces para Él". "Yo me regocijaré en HaShem y mi alma se exaltará en HaShem y se deleitará en Su salvación". "Todos mis huesos dirán: HaShem, ¿quién es como Tú? Tú salvas al pobre de aquellos que son demasiado fuertes para él y al necesitado de aquellos que quieren robarle". "Luz está sembrada para el justo y alegría para los puros de corazón". Bendito sea HaShem por siempre. Amén. Amén.

6

Teshuvá / Humildad / Soportando los insultos / Encontrando a Dios en todas las situaciones / Avanzando de nivel en nivel / Percepción espiritual / Apego a los Tzadikim / El mes de Elul

El tema principal de esta plegaria es la *teshuvá* - el arrepentimiento. El orgullo puede impedirnos la aprehensión de Dios. Para experimentar la gloria de Dios debemos dejar de perseguir el honor y la estima y sólo buscar el aumento de la gloria de Dios. La esencia de la *teshuvá* es aceptar los insultos y las humillaciones en silencio, como una expiación por nuestros pecados.

La *teshuvá* no es un evento singular sino un sendero continuo. Incluso luego de comenzar la *teshuvá*, nuestra concepción de Dios puede aún ser influenciada por imágenes materiales. Al desarrollarse nuestra percepción, debemos arrepentirnos por la inadecuación de nuestro arrepentimiento anterior.

La vida espiritual tiene muchas subidas y bajadas. Para poder seguir el sendero de la *teshuvá* de manera constante y en todo momento, se hacen necesarias dos habilidades: la capacidad de mantener el equilibrio incluso en momentos de intenso entusiasmo y la determinación de continuar con nuestros esfuerzos incluso si experimentamos caídas y rechazos. De esta manera podremos encontrar a Dios en todas las situaciones, en las buenas y en las malas, afirmando por lo tanto la perfecta unidad que subyace a todo en la creación, desde los niveles más elevados hasta los más bajos.

Hashem, nuestro Dios y Dios de nuestros padres, Dios de amor y de bondad:

Apiádate de mí y de mi pobre alma, sedienta, hambrienta y anhelante de retornar a Ti. Ayúdame a arrepentirme completamente de todos mis pecados y transgresiones. "Aquéllos que vienen a limpiarse y a purificarse son ayudados desde el Cielo". Pueda yo ser uno de ellos y Tú Mismo ayúdame a purificarme de mis pecados, para que pueda ser capaz de llegar a una perfecta *teshuvá* por todos ellos.

Dios misericordioso: Ten compasión de mí y mira mi bajeza y degradación. ¿Fue para esta vida fútil que Tú me creaste? Siento que soy totalmente indigno de ser llamado una persona. Es como si no tuviese existencia real en este mundo. Hubiera sido mejor para mí no haber sido creado en primera instancia, considerando todo el mal que he hecho.

He venido ahora delante de Ti, HaShem, para rogarte que me ayudes mediante el poder de Tu gran nombre *EHIéH* -"Seré"- con el cual Tú Te revelaste cuando comenzaste a redimir a Tus hijos en Egipto. Tú quisiste hacer de ellos Tu pueblo y extraerlos del veneno de Egipto. Tú le dijiste a Moshé en la zarza ardiente: "Dile esto a los Hijos de Israel: *EHIéH* me envío a ustedes".

Ayúdame, mediante el poder de este santo Nombre, a comenzar absolutamente de nuevo y a prepararme *a ser* en este mundo - para existir y vivir como la persona que

Tú quieres que sea, mediante el retorno a Ti, en sincera y genuina *teshuvá*. Ayúdame a sentir el dolor de mis muchos pecados y transgresiones y de llegar a una perfecta *teshuvá*.

Humildad

Ayúdame a sobrellevar la vergüenza y la humillación sin devolver insultos por ello. Aunque oiga que me avergüenzan, que no responda. "Ante aquellos que me maldicen, que mi alma se mantengan en silencio". No importa cuánto me avergüencen o insulten, pueda mantenerme quieto y no decir nada. Haz que pueda "aguardar en silencio por HaShem y esperar en Él" y "ser como un hombre que no oye y que no tiene quejas en sus labios...". "Seré como una persona sorda - no escucharé; seré como una persona muda que no abre los labios".

HaShem, yo conozco la verdad: todos los insultos del mundo no serían suficientes para limpiarme, considerando la carga de todos mis pecados. Es imposible expresar en palabras cuán degradado estoy debido a mis propias elecciones y acciones. Mis pecados han ensuciado Tu gran gloria. He deshonrado Tu Santo Nombre y abusado grandemente de mi propia alma, debido a mis pecados. Le he dado poder a la sangre en el lado izquierdo del corazón, lo que ha fortalecido mi mala inclinación.

Por lo tanto, debo simplemente soportar incluso los peores insultos y persecuciones. De modo que, HaShem, cuando la gente me avergüence y me insulte, ayúdame a soportarlo en silencio, para que esto sea una expiación por todos mis pecados.

HaShem, mi Dios: Yo sé, en el corazón de mis

corazones, que estoy muy lejos de la genuina *teshuvá*. Mis pecados han sobrepasado mi cabeza. Me han dejado en un estado tal de confusión mental que realmente no tengo idea de cómo retornar a Ti. El buen sentido y la inteligencia me han abandonado y siento como si no tuviese un corazón. Ando de aquí para allá como un vagabundo, carente de mente y de corazón.

HaShem, Tú conoces mi locura. No puedo ocultar mi culpa de Ti. Padre, amoroso Padre, ¿qué puedo hacer? ¿Dónde puedo correr por ayuda? ¿Qué remedio o estrategia puedo encontrar para salvar mi alma de la destrucción? "Levanto mis ojos a las montañas: ¿de dónde vendrá mi ayuda?". ¡Ayúdame! ¡Ayúdame! ¡Por favor! ¡Por favor sé bueno conmigo! ¡Muéstrame Tu amor y misericordia! ¡Sálvame!

Brilla sobre mí, desde Tu santa morada y haz que un espíritu de sabiduría y de comprensión, de santidad y de pureza se pose sobre mí, para que pueda santificarme y purificarme genuinamente y retornar a Ti en perfecta *teshuvá*. Pueda mantenerme quieto y no responderles a aquellos que abusan e insultan mi alma. Pueda yo "aguardar en silencio por HaShem y esperar en Él", soportando toda la degradación y la persecución con amor, como una expiación por mis pecados.

Juzgando a los demás de manera favorable

Señor del Universo: Mediante Tus santos Sabios, de bendita memoria, nos has dado un lejano atisbo de la exaltada santidad del pueblo judío. Cada judío es una "corona" para el Santo, bendito sea. Por lo tanto quiero pedirte que me ayudes a tratar siempre de buscar todos los puntos buenos que se encuentran en cada judío y juzgar a todos de manera favorable.

Aunque la gente esté en mi contra, me avergüence y me insulte, permite que me mantenga quieto y no diga nada. Que ni siquiera en mi corazón sienta odio ni ira. En su lugar, pueda juzgarla de manera favorable y suponer que sus intenciones son puras. Permíteme comprender que de acuerdo a su manera de mirar las cosas, están convencidos de estar haciendo lo correcto al insultarme.

En verdad yo sé que toda la humillación del mundo sería poco en comparación con lo que merezco, considerando cuánto he pecado. Si soy un miembro del santo pueblo judío, cada uno de los cuales es una "corona para el Rey", ¿cómo he tenido tan poco cuidado, menospreciando el honor del Rey mediante el mal que he hecho? De seguro merezco toda clase de humillaciones, dado que "aquellos que Me desprecian serán despreciados".

En ese caso, ¿cómo puedo enojarme con aquellos que me insultan? ¿Cómo puedo estar en su contra, considerando que merezco todo lo que recibo y más? ¿Cómo puedo enojarme con ellos por no tratarme con el suficiente respeto, cuando cada uno de ellos es una preciosa "corona" de HaShem? Por lo tanto, por favor, HaShem, ayúdame a mantenerme quieto y a soportar todo con amor. Y mediante ello, llévame a la perfecta *teshuvá*, que está unida con el Santo Nombre de *EHIéH,* la Corona, como Tus Sabios nos han enseñado.

El Sendero de la Teshuvá

Ayúdame a seguir el sendero de la *teshuvá* todos

los días de mi vida. "¿Quién puede decir, 'He limpiado mi corazón y me he purificado del pecado'?". Tú conoces nuestros corazones y cuán seguido nuestras motivaciones están mezcladas y son impuras incluso cuando hacemos el bien. Aun al confesar mis pecados, tengo pensamientos y motivos impropios. Encuentro imposible decir incluso una sola palabra con sinceridad y honestidad. Mis pecados son realmente muchos, pero sin embargo me resisto a reconocerlos.

Ayúdame, pues, a continuar avanzando en el sendero de la *teshuvá* y a arrepentirme por mi anterior arrepentimiento - a reparar la deficiencia de mi *teshuvá* anterior. De esa manera, con Tu ayuda, podré alcanzar finalmente el nivel más elevado de *teshuvá*: Tú abrirás mi corazón y mi mente para conocer Tu gran nombre y alcanzar así el nivel de percepción espiritual en el que uno llega a comprender que ni siquiera ha llegado a arrepentirse de una manera concordante con Tu tremenda grandeza y exaltación.

Entonces Me ayudarás a arrepentirme genuinamente por mi arrepentimiento anterior. Con cada percepción nueva y más elevada de Tu grandeza llegaré a arrepentirme por las limitaciones de mis percepciones anteriores y por haber permitido que imágenes materiales influenciaran la manera en que Te concebí, restándole a la suprema exaltación de Tu divinidad. Continuaré avanzando en el sendero de la *teshuvá*, todos los días de mi vida, hasta el día en que finalmente Tú tomes mi alma y me lleves al Mundo que Viene, el "día que es todo Shabat, todo *teshuvá*".

Ayúdame a eliminar mi Mala Inclinación y a honrarte así en dos mundos, en este Mundo y en el Mundo que Viene, como está escrito "Aquel que aniquile [la mala inclinación y ofrezca] la ofrenda de agradecimiento, Me honrará".

Aléjame del honor. Ayúdame a mantenerme apartado del honor. Que pueda disminuir mi propia importancia a la vez de hacer todo lo posible para aumentar la gloria de Dios. Otórgame una porción en Tu gran gloria y con amor permíteme experimentar la gloria de Dios y alcanzar la Santa gloria sólo en aras de Ti. Que nunca haga uso de Tu gloria para mi propia y personal ventaja, sino sólo en aras de Tu Nombre y en Tu servicio y que nadie sienta la necesidad de cuestionar mi reputación y honor.

HaShem, ayúdame a mantenerme firme, fuerte y decidido en Tu servicio, en todo momento. No me dejes caer, Dios no lo permita. "No me arrojes de delante de Ti y no sustraigas Tu sagrado espíritu de mí". Haz que pueda ser uno de aquellos que están siempre "corriendo y retornando" del Palacio del Rey, buscando constantemente alcanzar niveles cada vez más grandes de intimidad. Enséñame cómo "correr" hacia nuevas alturas espirituales y luego "retornar" e integrar en mi vida todas las percepciones que he obtenido. Ayúdame a desarrollar las capacidades necesarias durante las diferentes fases de mi vida espiritual, tanto al progresar como cuando me encuentro regresando. Pueda ser un experto en "correr" y un experto en "retornar". Experto en "entrar" y experto en "salir".

Pueda encontrarte en todas partes, así ascienda o descienda, como está escrito: "Si asciendo al Cielo, Tú estás allí, y si hago mi lecho en el infierno, aquí estás Tú". Permíteme buscar constantemente la conexión Contigo, de manera que pueda decir: "Yo soy de mi Amado y mi Amado es mío".

Por favor, HaShem, compadécete de mí y recuérdame para bien. No me abandones y no me dejes hundir y quedar enredado en las situaciones bajas y degradadas en las cuales he quedado atrapado hasta ahora. "No me olvides, HaShem, mi Dios y no Te mantengas lejos de mí. No permitas que sea tragado por las profundidades y que el hoyo no cierre su boca sobre mí".

Sé bueno conmigo y sácame del polvo. Ayúdame a elevarme de mi degradada situación. Quédate conmigo siempre, tal como Tú prometiste que lo harías con Iaacov: "Descenderé contigo a Egipto y de seguro te haré subir de allí". Es verdad que he caído, pero Te pido que hagas que mi caída sea una preparación para un mayor ascenso. Apiádate de mí. Envíame Tu ayuda y tómame con Tu amorosa mano de misericordia. Susténtame tiernamente y con amor y quédate siempre conmigo. Dame la fuerza y el buen sentido para acercarme a Ti en todo momento y nunca abandonar. Está escrito: "Aunque caiga no será desechado, pues HaShem lo tomará de la mano". Cumple esto conmigo.

Otórgame pronto la libertad espiritual. Desde hoy libérame del ciclo vicioso de las caídas y las faltas en el cual he quedado atrapado hasta ahora. Ayúdame a superar el sentimiento de lejanía de Ti que he tenido hasta ahora. Tú "elevas al pobre del polvo y al necesitado del muladar". Yo soy pobre y necesitado: apiádate de mí. Sé bueno conmigo y hazme ascender. "Mis manos están levantadas hacia Ti. Desde los confines de la tierra clamo a Ti. Mi corazón desfallece. Llévame a la roca que es demasiado alta para mí".

¡Señor del Universo! ¡Señor del Universo! Mi Padre

en el cielo: Apiádate de mí y aleja a todos aquellos que me persiguen y me quieren hacer caer. Haz que terminen mis problemas. Dí, "Hasta aquí y no más". Ayúdame de ahora en adelante a comenzar a levantarme, nivel tras nivel, rápida y fácilmente. Transforma todos mis errores espirituales en logros. Si mi relación Contigo ha sido hasta ahora de alejamiento y distancia, que se transforme de ahora en más en una de cercanía e intimidad.

En Tu compasión, has comenzado a acercarnos a Ti. A través de los verdaderos Tzadikim que has enviado en cada generación, has comenzado a hacer brillar sobre nosotros la luz de Tu santidad y amor. HaShem, no sería adecuado para Ti el que nos abandonaras ahora.

Tú has comenzado a mostrarnos Tu grandeza y bondad al darnos Tu santa Torá a través de Moshé, Tu profeta fiel. En cada generación nos has enviado con amor a los Tzadikim que nos han transmitido la Torá - de Moshé a Ioshúa, de Ioshúa a los Ancianos y de ellos a los Ancianos y Tzadikim de cada generación, hasta que la cadena de la tradición de la Torá ha llegado a nosotros.

Tu amor hacia nosotros no ha cesado: "Despierto y aún estoy Contigo". Así como Tú nos has ayudado siempre hasta ahora, despierta Tu compasión una vez más y ayúdame a cumplir con toda la Torá con amor. Apiádate de mí y ayúdame a seguir apegado a Ti y a los verdaderos Tzadikim por siempre, tanto en Este Mundo como en el Mundo que Viene.

Por favor, HaShem, ayúdame con amor y abre mis ojos, mi corazón y mis oídos para ver, comprender y oír Tu grandeza y exaltación y para retornar a Ti en completa sinceridad y verdad. Otórgame el conocimiento, la comprensión y la sabiduría para comprender y aprehender los caminos de la teshuvá. Ayúdame a seguirlos en todo momento y que pueda llegar a ser un verdadero Baal Teshuvá, un Experto en el Arrepentimiento. Pues Tu diestra está abierta para recibir a los que retornan y Tú deseas la teshuvá. ¿Si no es ahora, cuándo?

Ayúdame a alcanzar una perfecta teshuvá en el nivel más elevado, para que mediante mis esfuerzos pueda enmendar y reparar lo que debo, para que se unan los puntos más bajos y más altos de la creación y que el Hombre Superior se siente sobre el trono. Que mi *nefesh*, *rúaj* y *neshamá* se unan en ese exaltado lugar desde ahora y para siempre.

Restaura la luna y llena de luz sus porciones oscuras. Que la luz de la luna sea como la luz del sol y que la luz del sol sea siete veces más grande, como la luz de los Siete Días de la Creación. Pues Tu Reinado gobierna por sobre todas las cosas en el cielo y sobre la tierra.

Tus milagros y maravillas son insondables. Tú obras de manera de asegurar que nadie sea dejado de lado. Tú "causas la muerte y traes la vida, Tú llevas las almas al Gueinom y Tú las sacas de allí". Tú tienes el poder de conectar, juntar y unificar completamente a los opuestos - desde las profundidades más hondas del Gueinom hasta las alturas más supremas y exaltadas, desde el punto más bajo al más alto. Pues "¿quién podrá decirte lo que debes hacer?".

Si es así, que Tu misericordia llegue incluso hasta mí. Dios que se apiada del pobre y oye el clamor del necesitado: construye un canal desde debajo de Tu trono de gloria hasta mí y ayúdame a despertar y a retornar a Ti en perfecta teshuvá. Ayúdame a estar genuinamente apegado a los verdaderos Tzadikim desde ahora y para siempre.

"Pues Tú no deseas la muerte del malvado sino que se arrepienta y viva". "Tú hace retornar al hombre al polvo y dices, 'Retornen, hijos del hombre'. ...Retorna, HaShem - ¿hasta cuándo? Cede ante Tus siervos". "Haznos retornar a Ti, HaShem, y retornaremos. Renueva nuestros días como los de antaño".

El Mes de Elul

Señor del Universo: Ayúdame a seguir el sendero de la perfecta teshuvá, en todo momento y especialmente durante los sagrados días de Elul. Durante ese período, nuestro maestro Moshé nos abrió un sendero para la teshuvá conformado por las capacidades de "correr" y de "retornar", basadas en los dos santos Nombres: *HaVaIaH* (en su expansión de *SaG*) y *EHIéH* (en su expansión de *KSA*) y sobre los dos puntos sagrados - el punto superior y el punto inferior. Éste es el sendero esencial de la teshuvá: la teshuvá inicial y luego la teshuvá sobre la teshuvá - respectivamente la "Teshuvá de Este Mundo" y la "Teshuvá del Mundo que Viene".

Ayúdame, durante los santos días de Elul, a alcanzar una teshuvá perfecta y que la santidad de Elul pueda ser llevada hacia el año entero, hasta que podamos seguir el sendero de la perfecta teshuvá, en todo momento y caminar en los senderos de la teshuvá con perfección, todos los días y por siempre.

En Tu abundante bondad y misericordia, acepta los diferentes aspectos y niveles de nuestra teshuvá, con amor y favor y permítenos "contemplar y examinar nuestro comportamiento y retornar y elevarnos hacia HaShem, pues Tu diestra está extendida para recibir a aquellos que desean retornar".

7

Fe / Milagros / Conociendo y
reconociendo a Dios / La Tierra de Israel
/ Fe en los Tzadikim y seguir su guía
/ Evitando las influencias negativas /
Plegarias / Memoria y olvido / El Pacto /
Sustento / Tzitzit

Mediante la *Emuná* -fe- llegamos a conocer y a experimentar a Dios y a disfrutar del bien más grande que existe. La esencia de la fe es saber que Dios tiene un completo dominio y control de todos los detalles de la creación. No hay tal cosa como la casualidad y las leyes naturales son meramente una de las maneras en las que Dios gobierna el mundo. Más allá de la naturaleza se encuentra el ámbito de los milagros, al cual accedemos a través de la fe y de la plegaria. El exilio del pueblo judío es el exilio de la fe. Los egipcios negaban toda clase de milagros, tratando de explicar todas las cosas en términos de leyes naturales. La redención de Egipto fue el paradigma de todos los milagros.

Para llegar a una genuina fe necesitamos la guía de la Torá tal cual se nos manifiesta a través del consejo y las enseñanzas de los Tzadikim. La guía de la Torá está simbolizada por los hilos de los Tzitzit: el valor numérico de las letras hebreas de la palabra Tzitzit (600) junto con sus ocho hilos y cinco nudos, corresponde a las seiscientas trece mitzvot de la Torá. Los Tzitzit nos protegen de la inmoralidad y de las falsas persuasiones de aquellos que tratan de alejarnos del sendero de la Torá.

HaShem, nuestro Dios y Dios de nuestros padres: Ten compasión de mí y de todo Tu pueblo Israel. Implanta *Emuná* en nuestros corazones y llévanos a creer en Ti y en Tus verdaderos Tzadikim, con una fe perfecta. Que nuestra fe sea pura y firme, clara, sin fallas e inquebrantable.

Dios misericordioso: Ayúdame a alcanzar el nivel en el cual mi fe sea tan fuerte como para que llegue a ser como si de hecho pudiera ver Tu Divino poder con mis propios ojos. Hazme comprender que Tú controlas cada detalle de la creación. Permíteme ver cómo Tu gloria llena el universo entero. Llévame hacia un verdadero y sincero apego a Ti, en todo momento. Que mi comprensión de Ti sea sólida y apropiadamente fundada.

Milagros

"Tú le has comenzado a mostrar a Tu siervo Tu grandeza y la fortaleza de Tu mano. ¿Qué poder en el cielo o en la tierra puede imitar Tus obras o Tus poderosas acciones?".

Tú nos revelaste Tu Divino poder y reinado cuando nos sacaste de Egipto y nos redimiste del más terrible exilio en el caldero de la aflicción, en las mismas profundidades del mal. Tú nos sacaste de las Cincuenta Puertas de la Impureza y nos llevaste hacia las Cincuenta Puertas de la Santidad.

Tú hiciste milagros y maravillas en Egipto y en el Mar Rojo. Tú quebraste y aplastaste a todos los ídolos egipcios.

Tú confundiste el orden celestial y cambiaste las leyes de la naturaleza, desarraigando y negando todas las falsas idolatrías y creencias ateas del faraón y de los egipcios. Ellos querían retener a los Hijos de Israel, sumergidos en medio de ellos, imponiéndoles sus propias y falsas creencias ateas, Dios no lo permita.

Lo peor del exilio fue el ataque a la fe. Pero en Tu amor y compasión, no nos abandonaste entre ellos. Tú actuaste rápidamente para sacarnos de entremedio de ellos. Desarraigaste y destruiste todas sus creencias ateas por medio de los grandes y tremendos milagros y maravillas que llevaste a cabo. Tú les manifestaste a todos en el mundo Tu Divino poder y dominio.

Desde ese momento el pueblo judío se unió a Ti y "creyó en HaShem y en Moshé Su siervo". De la misma manera, amoroso Dios, ayúdame a tener una fe completa en Ti y en Tus verdaderos Tzadikim, en todo momento. Que mi fe sea fuerte, firme y esté sólidamente basada.

"Conócelo en todos tus caminos"

Así como Tú eres el Dios verdadero, que la fe en Ti sea verdadera y sólida, hasta que pueda llegar a *sentir* en mi vida Tu Divino poder. Que siempre esté apegado a Ti. Que nunca me separe de Ti, ni siquiera por un breve momento. Que sienta constantemente la vergüenza apropiada, el temor y la reverencia hacia Ti y que nunca mueva ni una mano ni un pie para hacer algo en el mundo sin Ti.

Pueda estar unido a Ti en todo lo que haga, incluso al ocuparme de las actividades materiales tales como el comer, beber y demás. Sea lo que fuere que haga, pueda llevarlo a cabo en aras de Tu Nombre y como un genuino acto de servicio. Que nunca me olvide de Ti, así sea al acostarme o al levantarme, cuando esté sentado en mi hogar o andando por el camino, así esté hablando o en silencio, de pie o sentado, ocupándome de la Torá y de las mitzvot o saliendo a realizar mis actividades mundanas. Permíteme estar unido a Ti en todas las cosas que haga y que nunca me olvide de Ti.

Ayúdame a "poner a HaShem delante de mí constantemente, porque Él está a mi diestra y yo no tropezaré". Que pueda sentir constantemente Tu Divino poder sobre mí pues el mundo entero está lleno de Tu gloria y Tú gobiernas por sobre todo. "Si alguien se ocultara en los lugares más recónditos, ¿acaso no lo veré?, dice HaShem. ¿Acaso no lleno los cielos y la tierra?".

Dios misericordioso: Todo Tu deseo es hacer el bien. Fue por ello que creaste Tu universo, los cielos y la tierra y todas sus huestes, los mundos superiores y los mundos inferiores en sus innumerables millones y millones - todo para revelar Tu Divino poder en el mundo, para que podamos llegar a conocerte en este bajo mundo.

Tú eres bueno y haces el bien a todos. Tú quisiste compartir Tu bondad con nosotros y mostrarnos Tu amor y misericordia. Toda Tu intención al crear Tu universo fue el bien: que pudiéramos llegar a conocerte y a reconocerte y percibir Tu agradable brillo. Éste es el bien más grande de todos, el bien verdadero y eterno. No hay otro bien en el mundo entero. Todos los favores, milagros y maravillas que llevaste a cabo para nuestros antepasados y continúas llevando a cabo para nosotros cada día y en cada momento, sólo tienen este propósito - que podamos llegar a conocerte. Éste es el bien más grande en el mundo.

Por lo tanto, ten compasión de mí, Señor de Todo y mantén firme en mi corazón mi fe en ti, por siempre. Satisfáceme con Tu bondad y hazme ver y disfrutar lo agradable de Tu brillo. Dios misericordioso: ayúdame a orarte con todo mi corazón y con toda mi alma, hasta que mis plegarias tengan el poder de cambiar la naturaleza y producir milagros y maravillas. Oye mis plegarias, en todo momento.

Otórgame el que pueda llegar a la Tierra de Israel, que Tú elegiste por sobre todas las otras tierras y se la diste al pueblo judío por siempre. Pero desde el momento en que nos alejamos de Ti y permitimos que se debilitara nuestra fe caímos en el prolongado exilio de nuestra Tierra. Apiádate, ten misericordia de mí y ayúdame a quebrar de una vez y para siempre la multitud de dudas, confusiones, pensamientos ateos y creencias que se han aferrado a mi corazón y a los corazones de Tu pueblo Israel.

Haz que pueda tener fe en los milagros sagrados que Tú has realizado para nosotros en cada generación y que continúas llevando a cabo para nosotros cada día y en cada momento. Que nunca niegue un solo milagro tratando de explicarlo por medio de causas naturales. Haz que pueda saber y creer que Tú eres la única fuente de todo y que todo está bajo Tu constante dominio y control. Tú controlas cada detalle del universo entero.

Haz que pueda tener fe en Ti y en Tus verdaderos Tzadikim, en todo momento. Mediante el poder de la fe llévame a la Tierra de Israel rápido y fácilmente. Apura nuestra redención final y envíanos nuestro recto Mashíaj.

La Guía de los Tzadikim

Señor del Universo, HaShem, Dios de verdad: Tú plantaste entre nosotros y en cada generación verdaderos Tzadikim. Dios misericordioso: ayúdame a acercarme a los verdaderos Tzadikim y a recibir de ellos el verdadero consejo. Pueda seguir sus consejos sin desviarme de ellos, de manera alguna.

Guárdame a mí, a mi familia, a mis amigos y a todo tu pueblo Israel, de todas las malas influencias. Hay gente cuyo consejo y sugerencia es como el de la serpiente primordial. Que no le preste atención alguna a lo que dicen. Que ni siquiera oiga sus palabras. Que nada de lo que digan entre en mi corazón ni en mi mente, de manera alguna.

Pueda mantenerme muy lejos de la gente que se ha extraviado del sendero de la Torá. No dejes que tengan poder alguno para engañarme con sus ideas destructivas. Anula sus malas intenciones. Sálvame de toda mentira y error. Protégeme de aquellos que cubren sus mentiras con una capa de verdad, torciendo las palabras del Dios vivo y llamando al mal bien y al bien mal. Sus ideas y sugerencias son lo opuesto de la verdad y son ellos quienes retienen al pueblo judío de la verdad y del sendero correcto.

Ellos hacen de las leyes más estrictas de la Torá algo sin importancia a la vez de transformar los temas menores en cuestiones de importancia capital. Lo que Tú rechazas, ellos lo toman; lo que Tú deseas, ellos rechazan. No todos ellos tiene malas intenciones: algunos simplemente se han equivocado y no saben ni conocen la real verdad. Ellos hablan con total inocencia pero sus ideas y consejos son falsos y muy dañinos para nuestros esfuerzos por servirte.

Señor del universo: Tú conoces la verdad. Ante Ti, todos los secretos están revelados. Tú conoces los misterios del universo entero y los secretos ocultos de todos los vivientes. Ayúdanos y sálvanos de esa gente. Que nada de lo que digan penetre en nuestros corazones, de manera alguna. No queremos nada de ellos - "ni de ellos ni de su tumulto ni de su clamor".

Dios todopoderoso: Tú eres el guía supremo. Con amor, permite que los verdaderos Tzadikim se revelen ante mí. Ayúdame a acercarme a ellos y a recibir una guía sólida y clara, fundada en las seiscientas trece mitzvot de la Torá. Mediante su guía y consejo pueda yo recibir la luz de la verdad y así llegar a una genuina y perfecta fe, por siempre.

Memoria

Por favor, Rey bueno y misericordioso, ayúdame a ofrecer mis plegarias con una profunda concentración, en todo momento, para que pueda ascender al ámbito de los milagros - un ámbito que está más allá del orden natural y más allá del tiempo. Y con ello, ayúdame a desarrollar una poderosa memoria para todo lo sagrado.

Ayúdame a recordar todas las enseñanzas de tu santa Torá, las cuales se encuentran incluidas en sus seiscientas trece mitzvot. Las mitzvot son el fundamento de todas las enseñanzas sagradas que nos han sido reveladas por los verdaderos Tzadikim. Ayúdame a recordarlas muy bien y a tenerlas presentes en mi mente y en mi corazón. Ayúdame a aprender y a enseñar, a guardar, a realizar y a cumplir todas las enseñanzas de Tu Torá y de los verdaderos Tzadikim, con gran amor.

Protégeme del olvido. Tú conoces los terribles problemas que tengo al tratar de recordar las cosas, especialmente ahora, luego del prolongado exilio que hemos sufrido como resultado de nuestros pecados. Nuestros problemas nos han dejado confundidos y consternados. Nuestros corazones se han cerrado y nuestras mentes se han vuelto cada vez más débiles. El Ángel del Olvido nos ha atacado con tanta fuerza que incluso en nuestras sesiones de estudio solemos olvidar las cosas que hemos aprendido sólo unos momentos antes.

Hay veces en que quedo tan motivado por la dulzura y lo maravilloso de la Torá y de las enseñanzas de los verdaderos Tzadikim que me siento pleno de un anhelante deseo de sólo seguir su consejo y llevar a cabo todo lo que dicen... Pero entonces, con el pasar del tiempo, todo es olvidado.

Todos esos problemas del olvido son resultado de la excesiva influencia del materialismo en nuestras vidas. Si fuese más espiritual, sería capaz de elevarme por sobre el tiempo. Pero en su lugar, he caído en un estado tan apegado al tiempo que incluso un corto período parece muy largo. Es por ello que soy tan propenso al olvido, que se debe al hecho de estar bajo el gobierno del tiempo, en lugar de estar por sobre él.

Por lo tanto apelo a Ti para que Te apiades de mí y me ayudes a poner en práctica todas las santas enseñanzas de la Torá. Esto en sí mismo me llevará a la verdad, a la fe, a la plegaria perfecta y al ámbito de los milagros, que está más allá de la naturaleza, más allá del tiempo. Entonces podré desarrollar una poderosa memoria para todo lo sagrado.

El Pacto

Dios misericordioso: Ayúdame a cuidar el santo Pacto. Sálvame de toda forma de inmoralidad, así sea en lo que vea con mis ojos, en lo que piense, en la manera en que hable, en lo que haga o en la manera en que use mis cinco sentidos. Cuídame y protégeme para no quebrar el Pacto, de la manera que fuera y ayúdame a comportarme en santidad y pureza en todo momento. Llévame a la genuina santidad y a observar el Pacto de la manera en que Tú quieres que lo haga y protégeme bajo la sombra de Tus alas.

Ayúdame a cumplir con la mitzvá de los Tzitzit en todos sus detalles y con todas las intenciones profundas de la mitzvá. Con las seiscientas trece mitzvot con las cuales está unida. Protégeme con los santos hilos de los Tzitzit y sálvame de toda forma de inmoralidad.

Ayúdame a santificarme en todo momento haciendo descender sobre mí Tu santidad y sálvame así de las "incitaciones de la serpiente" - de las palabras de la gente a quien le gustaría tentarme e inducirme a alejarme del sendero de la verdad, así sea por malos motivos o no.

Ayúdame a que descienda sobre mí la luz de la verdadera sabiduría de los Tzadikim al poner en práctica sus enseñanzas y su guía. Llévame a la verdad y nunca permitas que una palabra de mentira salga de mis labios.

Sustento

HaShem, Dios nuestro y Dios de nuestros padres, provéeme con amor el alimento y el sustento, de una manera honorable y sin esfuerzo ni ansiedad. Tú nos has enseñado que la inmoralidad hace que el alimento y el sustento le sean restringidos, "pues el deseo por la cortesana reduce a la persona a mendigar por pan". Pero guardar la mitzvá de los Tzitzit salva a la persona de la inmoralidad y le permite recibir el sustento de una manera santa.

Señor del Universo, Dios misericordioso: Sálvame de todas las formas de la mentira y del error. No permitas que al hablar salgan palabras falsas de mi boca y haz que al actuar me mantenga lejos de todo comportamiento falso y equivocado. Protégeme de los senderos tortuosos de aquellos que se han extraviado y ayúdame a caminar por la senda de la verdad, en todo momento. Mediante la verdad llegaré a la fe perfecta, uniendo la verdad con la fe, para que incluso en esas áreas en las que sólo dependa de la fe, debido a que la verdad misma se encuentra más allá de la comprensión de la razón humana, incluso así, mis creencias sean verdaderas.

Que mis plegarias estén bien ordenadas y fluyan de mis labios y desde mi corazón. Haz milagros y maravillas en el mundo, "para que todas las naciones de la tierra sepan que HaShem es Dios, que no hay ningún otro".

Recuerda a tu pueblo Israel y libéralo de este profundo exilio que Tú le has impuesto durante tantos años. Redímenos pronto, ayúdanos a retornar a nuestra tierra y envíanos a nuestro recto Mashíaj, rápidamente. "La justicia será un cinturón para sus lomos y la fe un cinturón para sus caderas". "La verdad surgirá de la tierra y la justicia se manifestará desde los cielos". "Ven, contemplemos desde la cima de Amaná - *Emuná*, fe". Pronto y en nuestros días. Amén.

8

*Rúaj Jaim - el Espíritu de Vida / Apego
a los Tzadikim / Satisfacción de las
necesidades / Expiación del pecado
/ Ayuda en contra de los enemigos /
Plegaria e Hitbodedut / Estudio de la
Torá - Halajá / Autopurificación / Tzitzit*

La Torá es la fuente del *rúaj jaim* - el aliento o espíritu de vida. Los verdaderos Tzadikim, quienes están constantemente inmersos en la Torá son capaces de canalizar esa fuerza de vida hacia nosotros. Mediante el suspirar por nuestras diferentes necesidades y deficiencias podemos traer ese espíritu de vida hacia nosotros y así satisfacer nuestras necesidades. Nuestros enemigos, tanto externos como internos -las pasiones físicas, etcétera- toman *su* fuerza de vida de los falsos líderes del lado del mal a través de los canales creados por sus rasgos negativos y su mal comportamiento. El verdadero Tzadik tiene el poder de destruir esos canales y de cortar el poder de los malvados en su fuente.

Cuando la persona peca, ello es una negación de los límites entre el bien y el mal. Una de las principales maneras de rectificar nuestros pecados es a través del estudio de la Halajá -la ley de la Torá- que aclara la línea de demarcación entre el bien y el mal. El poder intelectual necesario para aclarar la Halajá se desarrolla mediante la plegaria intensa, por medio de la cual la sabiduría Divina y la inspiración son hechas descender desde el Edén Superior hacia "las aguas del jardín", i.e., la Torá, donde el alma y el intelecto están enraizados. Mediante la Halajá podemos rectificar los cuatro elementos básicos: el fuego, el aire, el agua y la tierra, de los cuales derivan todos los diferentes rasgos de la personalidad y perfeccionar así nuestras características. Los cuatro elementos están unidos a las cuatro letras del Nombre de HaShem y a las cuatro esquinas de los Tzitzit.

HaShem, Dios nuestro y Dios de nuestros padres, "Dios compasivo y gracioso, lento para la ira y abundante en bondad y verdad": Despierta Tu gran compasión hacia mí y muéstrame Tu bondad. Ayúdame a tener fe en los verdaderos Tzadikim y acércame a ellos. Pues a ellos Tú has escogido para traer vitalidad a tu pueblo, la Casa de Israel.

Apego a los Tzadikim

HaShem: Ayúdame a traer el aliento de vida desde los Tzadikim, para satisfacer todas mis necesidades. Escucha siempre el sonido de mis suspiros. Pueda, mediante mis suspiros, atraer el aliento de vida y de bondad desde los verdaderos Tzadikim para satisfacer las necesidades y proveerme de todo aquello que requiera, así sea material o espiritual.

Que todas mis necesidades sean satisfechas para bien, "pues la fuente de vida está Contigo": Tú le das aliento y espíritu vital a todo lo vivo y a todas las cosas - todo a través de tus verdaderos Tzadikim, quienes están constantemente unidos a Tu santa Torá, que es nuestra vida y la largura de nuestros días.

Ten piedad de Tu pueblo Israel: revélanos quiénes son los verdaderos Tzadikim y ayúdanos a traer el aliento de vida desde ellos. Otórganos la capacidad de acceder a todo aquello que necesitemos mediante el simple recurso de suspirar por ello. Cumple con todos los pedidos de nuestros corazones, para bien.

Perdón y Protección

Todos mis pecados y transgresiones en Tu contra han alejado el espíritu de vida de mí. Son mis pecados los que han causado todas mis imperfecciones y deficiencias. En mérito a los verdaderos Tzadikim de la generación, perdóname y perdona mis muchos pecados. Esos Tzadikim tienen el espíritu de Dios en ellos. Es a través de ellos que Tú Te reconcilias amorosamente con el pueblo judío, perdonando y expiando nuestros pecados en cada generación, porque "el hombre sabio expiará por él".

Expulsa a todos nuestros enemigos. Quiébralos y humíllalos. Frustra a todos los que tratan de elevarse contra nosotros con mala intención y anula sus planes.

¡HaShem! Tú sabes cuán caídos y débiles somos en este momento. Hemos caído muy, muy bajo. "La mano del enemigo es más fuerte aún y no hay nadie que pueda salvarnos ni sustentarnos". Nuestra fuerza se ha perdido. Cada día, cada uno de nosotros se ve sujeto a multitud de presiones, las cuales nos alejan de Tu servicio y de la *vida*, Dios no lo permita.

Sufro suficientes problemas, dificultades y presiones. Cada momento del día soy atacado por los deseos corporales y los malos rasgos de carácter. No tengo fuerza para superarlos. Debido a mis pecados no he hecho el esfuerzo de expulsar al "huésped" -la mala inclinación- de dentro de mí y ahora se ha transformado en el "señor de la casa". Toda mi fuerza se ha debilitado.

Y como si todas esas presiones internas no fuesen suficientes, hay una multitud de batallas externas que también debo enfrentar. "HaShem, cuántos son nuestros enemigos". Para Ti nada es un secreto. Tú sabes cuántos enemigos y acusadores se han levantado en contra de nosotros, en todo momento, tanto en los mundos superiores como en los mundos inferiores. Tú sabes cuántos han abierto sus bocas en contra de nosotros y cómo mueven sus lenguas. Sus bocas están abiertas para engullirnos, pues tragarnos es lo que desean, Dios no lo permita.

Señor de todo el Universo: Tú eres verdaderamente misericordioso y estás pleno de amor y de bondad. Tú sabes exactamente contra quién estamos luchando cada día y a cada momento. "¿Por qué soportas a los que engañan y Te mantienes en silencio mientras el pecador devora a alguien más santo que él?". Por favor, muéstrame Tu amor y despierta Tu compasión.

Tú sabes que no tengo la fuerza para enfrentar ni siquiera a uno de mis enemigos, tanto físicos como espirituales y menos aún a ambos. ¿Qué soy, sino un gusano despreciable, aplastado y vil? ¿No tendrás piedad de mí? Soy tan débil, ¿cómo puedo enfrentar a los leones?

Tú pruebas los corazones de la gente y sus más recónditos lugares. Tú conoces todos sus secretos. HaShem: Tú sabes que mi verdadera intención es servirte a Ti, en verdad. Quizás mi comportamiento actual no es el mejor y las cosas que hago están en contradicción con mis palabras. Hasta ahora no he tenido éxito en controlarme para alcanzar la única cosa que realmente quiero en mi corazón que es ser lo que Tú quieres que yo sea. Incluso así, Tu amor y bondad son más poderosos que todo y Tú consideras las buenas intenciones de las personas como si

158/ El Portal de la Plegaria

en verdad hubiesen logrado lo que querían.

Tú conoces mi corazón. Tú sabes cómo estoy constantemente anhelando, esperando y aguardando a que me ayudes y me lleves al verdadero servicio a Dios. Entonces, ¿por qué me haces alejar de Tu sendero? ¿Por qué les das fuerzas a mis enemigos cuando todo lo que ellos quieren es ocultar la verdad y reforzar sus mentiras? No tengo la fuerza para enfrentarme a ellos. Sólo puedo apoyarme en Ti y en Ti espero y anhelo por ayuda. HaShem, Dios nuestro y Dios de nuestros padres: ayúdanos con amor y sálvanos de todos nuestros enemigos y perseguidores. Todos los días nos atacan, tanto física como espiritualmente. Danos la fuerza y el santo espíritu vital para superar y conquistar a nuestros enemigos y arrojarlos por tierra.

Quítales su espíritu vital, el que reciben del ámbito del mal, de los líderes no santos. No permitas que nos conquisten. Rescátanos de sus bocas devoradoras. "Sálvanos de la espada de sus bocas y salva al pobre del que es más poderoso que él".

Plegaria y devoción

HaShem: Por favor haz que pueda orarte con sinceridad y de todo corazón, con una fe perfecta. Que mis plegarias sean puras, aptas y ordenadas de la manera apropiada. Pueda orar con una completa atención y devoción. Permite que unifique mis pensamientos con las palabras de mis plegarias. Pueda concentrarme con intensidad en las palabras y derramar mi corazón como agua ante Ti.

Ayúdame a expresarme ante Ti, en todo momento. Ayúdame a decir todo lo que hay en mi corazón. Tú sabes cuántas necesidades tengo. Mi corazón está tan oprimido que siento que hay demasiado para expresar y para explicar todo lo que necesito y anhelo. Por favor ten piedad de mi pobre alma y ayúdame a hablar Contigo sobre todo lo que tengo en el corazón, con palabras y ruegos puros y agradables, para que pueda despertar Tu compasión y hacer que aceptes mis plegarias con amor.

Que mis plegarias se eleven hacia las alturas más grandes. Dame el poder de despertar con las plegarias el Edén Superior, para abrir el canal del amor, de la sabiduría suprema y del conocimiento Divino. Permite que el emergente río fluya para regar el Jardín -la Torá- que es donde están enraizadas nuestras almas. Que mi alma crezca y florezca. Que los senderos del intelecto se abran verdaderamente para mí y permite que alcance la sabiduría, la comprensión y el conocimiento.

Estudio de la Halajá

Ayúdame a dedicarme a Tu Torá de la manera apropiada y otórgame la capacidad de aclarar la ley de la Torá, para que en cada caso pueda llegar a la decisión correcta. Ayúdame a estudiar los códigos legales e inspírame con la necesaria sabiduría, comprensión y entendimiento, para ser capaz de aclarar la decisión final y distinguir entre lo que está permitido y lo que está prohibido, entre lo que es puro y lo que es impuro, entre lo que es válido y lo que no es válido.

Esto me dará el poder de rectificar y de arreglar los daños que he causado en todos los mundos debido a mis muchos pecados y transgresiones, que hicieron que el bien y el mal se mezclasen

Ayúdame a alcanzar la genuina plegaria para que la luz de la verdadera sabiduría se abra para mí y llegue a ser capaz de aclarar la Halajá y de llegar a las decisiones correctas. Entonces tendré el poder de separar el bien del mal en todos los mundos y corregir todos los daños causados por mis pecados, así sea en esta encarnación como en otra. Cumple con todos los pedidos de mi corazón para bien y pueda yo ver realizado todo lo que he pedido y solicitado.

Ayúdame, mediante el estudio de la Halajá, a aclarar, purificar y rectificar los cuatro elementos primarios de los cual está compuesto el cuerpo, para quebrar y conquistar todos los rasgos negativos y malos deseos que derivan de ellos, refinando al mismo tiempo el bien.

Refinamiento de la Personalidad

Ayúdame a alcanzar todas las buenas cualidades para que los cuatro elementos sean completamente puros y refinados y que sólo el bien permanezca, sin ninguna mezcla de mal, en absoluto. Que los cuatro elementos puedan unirse dentro de las cuatro letras de Tu Nombre, que es la fuente sagrada más elevada.

Por favor, HaShem, ayúdame con amor a alcanzar todo lo que he pedido de Ti. Yo sé cuán lejos estoy de incluso una mota de lo que he pedido. Incluso así, nada puede detener a Dios en Su ayuda. Para Ti, nada es demasiado difícil. Tú tienes el poder de ayudarme y de fortalecerme y de hacerme alcanzar todo lo que he pedido de Ti.

Hazlo en aras de Tu Nombre y en aras de los verdaderos Tzadikim quienes tienen el mérito de alcanzar todos esos niveles y más aún. Con misericordia, canaliza hacia mí su poder y fuerza, para darme vida y ánimo. Permite que también yo pueda alcanzar esos niveles.

Ayúdame, mediante el poder del verdadero Tzadik, a vencer a todos aquellos que nos odian y que se oponen a la verdad. Quiebra y aplasta todos los canales de donde los malvados toman su poder - es decir, los malos rasgos que los dominan. Con ello, arroja a los malvados por tierra y haz no tengan poder alguno para atacarnos, Dios no lo permita. "Sus manos no podrán llevar a cabo sus planes. Todos mis enemigos serán avergonzados y atemorizados. Al instante volverán sus espaldas y serán avergonzados".

La Mitzvá de los Tzitzit

Ayúdame a cumplir con la mitzvá de los Tzitzit, exactamente de la manera en que debe ser llevada a cabo, en todos sus detalles, junto con el resto de las seiscientas trece mitzvot que están unidas a ella. Pueda realizar esta mitzvá con la intención apropiada, con buenos sentimientos y una gran alegría. Permíteme, mediante la mitzvá de los Tzitzit, hacer descender el sagrado espíritu de vida para proveerme de todo lo que puedo llegar a carecer, tanto material como espiritualmente.

Aferra las cuatro esquinas de la tierra y sacude a los malvados de ella. Quiebra, destruye, humilla y arroja por tierra a ese "implacable enemigo del hombre" -Esaú, "el hombre de Seir"- y saca la presa de su boca.

HaShem: Tú Te compadece del pobre, Tú oyes el

clamor del necesitado y haces de manera que nadie sea rechazado. Ten piedad de mí y libérame de los dientes de los enemigos malvados que quieren tragarme por nada, Dios no lo permita. "No dejes que las profundidades me traguen ni que el hoyo cierre su boca sobre mí".

Así como Tú le respondiste a Iona en el vientre de la ballena, de la misma manera respóndeme a mí, en Tu abundante bondad y libérame de las fauces de los leones, como Tú nos lo has prometido: "Dice Dios: Yo los haré retornar del Bashán, los haré retornar de las profundidades de los mares". Nuestros Sabios de bendita memoria nos han enseñado que esto significa que "Dios nos ha prometido librarnos incluso de entre los dientes de los leones".

Padre amoroso: Ten piedad de nosotros en este momento de dificultad. Mira cuán perseguido estoy y cuán golpeado y vapuleado. Oye mis suspiros. He sido rechazado y expulsado de Tu presencia. "No entregues el alma de tu paloma a los enemigos. Nunca olvides el alma de Tus pobres".

Dios que amorosamente revives a los muertos: revive y susténtanos a la luz de Tu rostro. Danos el poder de traer el santo espíritu de vida a través del suspiro, para que todo lo que pidan nuestros corazones pueda ser realizado para bien. Que constantemente hagamos Tu voluntad todos los días de nuestras vidas. Otórganos el que podamos realmente "alejarnos del mal" y sólo hacer aquello que es bueno a Tus ojos, en todo momento - tanto nosotros como nuestros descendientes y los descendientes de todo Tu pueblo, la Casa de Israel, desde ahora y para siempre. Amén. Selá.

9

La Verdad como el camino para salir de la oscuridad espiritual y la confusión / Obtener la vida a través de la Plegaria / El Sustento / Pareja Matrimonial / Fe / Milagros / Eretz Israel

Todo lo que Dios nos da en la vida, incluyendo el sustento y la pareja matrimonial, está gobernado por la manera en que oramos. Las plegarias del pueblo judío despiertan un influjo de bendición Divina hacia el mundo a través de las doce constelaciones estelares, que corresponden a las Doce Tribus de Israel. Es necesario tener un gran mérito para saber cómo dirigir las plegarias a través del portal de nuestra tribu, pero el verdadero Tzadik tiene el poder de elevar cada plegaria a través del portal apropiado. Por lo tanto debemos unirnos al Tzadik y seguir sus enseñanzas.

Es posible que nos sea difícil orar debido a las barreras y distracciones tanto internas como externas. Mediante la Verdad, que es la luz de Dios, es posible encontrar las aberturas en la oscuridad. Al recitar las plegarias cotidianas, el hecho de orar con verdad significa concentrarse en el significado simple de las palabras y decirlas con sinceridad. En nuestras propias plegarias privadas debemos ser abiertos y honestos al expresar nuestra situación, nuestros sentimientos y necesidades. El fundamento de la plegaria es la Emuná - la fe en la Providencia milagrosa de Dios sobre cada detalle del Universo entero. Los milagros de

Dios son más visibles en Eretz Israel, que es por lo tanto el lugar esencial de la plegaria y de la fe.

HaShem, Dios nuestro y Dios de nuestros padres, Dios de Abraham, Dios de Itzjak y Dios de Iaacov, quien elige las plegarias de Sus siervos:

Ten piedad de mí y de Tu pueblo Israel. Dios misericordioso: ayúdanos a ofrecer todas las plegarias y súplicas con sinceridad, con todo nuestro corazón. Enséñanos lo que debemos decir. Ayúdanos a comprender qué es lo que debemos pedir.

Verdad

Ayúdame a decir mis plegarias con completa honestidad y verdad, para que la luz de la Verdad brille sobre mí y pueda yo emerger de la profunda oscuridad y de los pensamientos extraños -las "cáscaras"- que constantemente me confrontan por todos lados.

Es especialmente al orar que me siento rodeado por todos lados. Los ataques se presentan de todas las formas posibles. Las distracciones son innumerables. A veces las cosas se ponen tan mal que no puedo siquiera abrir mi boca para orar. Me es imposible decir una sola palabra de las plegarias de la manera apropiada, debido a la oscuridad, a los pensamientos externos, a las distracciones, a los obstáculos y a las barreras que me rodean por todas partes.

Mi única esperanza de encontrar un modo de escapar es hablar Contigo con verdad y honestidad. Mediante las enseñanzas de Tus santos Sabios nos has hecho saber que si hablamos Contigo con verdad, Tú brillarás sobre nosotros, incluso en la oscuridad y en las tinieblas más profundas, pues Tú amas la verdad y estás "cerca de todos aquellos que Te llaman con verdad".

Por lo tanto he venido delante de Ti, HaShem, para rogar, postrarme y extender mis manos hacia Ti: despierta Tu amor por mí. Me siento tan hundido. Necesito tanto Tu ayuda. Haz brillar sobre mí la luz de la Verdad para que pueda decir las palabras de mis plegarias con verdad y sinceridad.

Ayúdame a decir cada una de las palabras de las plegarias que salgan de mis labios de manera pura, verdadera y honesta, para que la luz de la Verdad brille sobre mí y me ayude a encontrar las aberturas en la terrible oscuridad que constantemente amenaza con envolverme y ocultar de mí Tu gran luz, Dios no lo permita.

Yo sé que he pecado, que he transgredido y que me he rebelado contra Ti desde mis primeros días hasta hoy. Una y otra vez he cometido los peores errores - ni siquiera puedo contar cuántas veces han sido. Con cada nuevo pecado he agregado aún más oscuridad, más barreras, más obstáculos y más confusión.

He llegado a las peores profundidades de la oscuridad y de las tinieblas. Se me han ocultado todas las salidas desde la oscuridad hacia la luz: son invisibles a mis ojos. "Me hundo en el cieno - no hay manera de hacer pie; he llegado a la profundidad de las aguas, las corrientes pasan sobre mí".

Pero, pese a todo ello, he venido ante de Ti, HaShem, mi Dios y Dios de mis padres. ¡Ten piedad! ¡Ten piedad y sálvame! Así como Tú has tenido la misericordia y la compasión de revelar esta enseñanza santa, de la misma manera, HaShem, ten compasión ahora de mí y ayúdame a seguirla. Ayúdame a decir las palabras de mis plegarias y súplicas con completa honestidad y sinceridad.

No dejes que las tinieblas y la oscuridad me impidan orar y servirte. No importa cuán densa sea la oscuridad, especialmente al orar, pueda siempre encontrar las salidas desde las tinieblas hacia la luz - expresando las palabras de manera verdadera. "Pues Tú encenderás mi lámpara: HaShem mi Dios iluminará mi oscuridad". Cumple el versículo en los Salmos: "HaShem es mi ayuda. ¿A quien temeré? HaShem es la fuerza de mi vida. ¿De quién tendré miedo?".

HaShem, Tú sabes que no tengo manera de escapar a no ser que Tú me ayudes a hablar Contigo de manera verdadera y honesta, de la forma adecuada. Ayúdame a andar por el sendero de la verdad, constantemente. Que nunca deje que una palabra falsa salga de mi boca. Que nunca diga una mentira ni siquiera por error o de manera no intencional. Que siempre diga la verdad.

Une mi corazón a Ti, para que siempre pueda dirigir mi mente y mis pensamientos hacia la verdad absoluta. Y Tú, ayúdame desde el Cielo a caminar por la senda de la verdad, en todo momento. Que no me desvíe del sendero de la verdad, de manera alguna, ni a la derecha ni a la izquierda.

"Dirígeme en Tu verdad y enséñame que Tú eres el Dios de mi salvación. En Ti he esperado todo el día. Envía Tu luz y Tu verdad: ellas me guiarán y me llevarán a Tu montaña santa y a Tu santuario. No alejes la verdad de mis labios, pues he puesto mi esperanza en Tus juicios".

Que siempre pueda derramar mis pensamientos, mis plegarias y súplicas a Ti con perfecta sinceridad. Ayúdame a expresar todo aquello que necesito decirte de manera honesta, en todo momento. Pueda decirte todo lo que tengo en mi mente y en mi corazón, HaShem, mi Dios y Dios de mis padres.

Tú sabes lo que hay en mi corazón. Mis necesidades son muchas pero no tengo la paciencia para explicar cada cosa en detalle. Aunque todos los mares fuesen tinta y todas las cañas fuesen plumas de escribir, sería imposible explicar siquiera una mínima fracción de mis necesidades.

Pero aún no he comenzado siquiera a tratar de superar ni uno de mis malos rasgos y deseos. Estoy tan completamente lejos de Ti. Pero cada vez que vengo a expresarme delante de Ti, mi boca se cierra y siento que me es imposible decirte incluso una sola palabra de la manera apropiada.

HaShem: Tú conoces mi corazón. Para Ti, todos los secretos están revelados. Ten misericordia de mí y respóndeme. Pon en mi corazón la capacidad de hablar Contigo de manera verdadera, para que Tu gran luz -que *es* la verdad- se abra para mí, ayudándome a expresar todo lo que necesito decirte y a ofrecerte mis plegarias de la manera apropiada, con verdadera sinceridad, en todo momento.

Entonces podré hablar Contigo sobre todo lo que necesito, tanto física como espiritualmente. Podré poner todo en palabras y derramar mi corazón como agua en las plegarias y en las súplicas delante de Ti. Tu amor por mí despertará: Tú oirás mis clamores y escucharás mis súplicas y con amor cumplirás con todos los pedidos de mi corazón, para bien.

De esta manera podré acercarme a Ti en verdad, desde ahora y para siempre y hacer Tu voluntad todos los días de mi vida, junto con mis hijos y los hijos de mis hijos y con aquellos de todo Tu pueblo, la Casa de Israel.

Ayúdame a orar

Ayúdame a orar con total atención y con todas mis fuerzas. Pueda poner toda mi energía en las letras de las palabras para que se renueve mi vigor y pueda traer una nueva vitalidad sagrada a partir de las plegarias, dado que la plegaria es la fuente de toda la vitalidad - "Plegaria al Dios de mi *vida*". Ayúdame a alcanzar una fe perfecta.

Dios bondadoso y misericordioso: Ayúdame a dirigir mis plegarias hacia Arriba, hacia Ti, a través del portal de la tribu en la cual se encuentra enraizada mi alma y de la cual fui tallado. Que mis plegarias asciendan a través del portal adecuado y se eleven hacia el Cielo - a través de la Tierra de Israel, a través de Jerusalén, del Templo y del Santo de los Santos - hasta que se eleven al lugar de Tu morada.

Otórgale a mis plegarias el poder de despertar las constelaciones asociadas con el portal y la tribu de cada judío, para hacer brillar sobre el mundo la bondad y la bendición, para bendecir todos los frutos de la tierra y otorgarnos éxito en todos nuestros esfuerzos.

Sustento

Dios misericordioso: Envíame el sustento antes de que lo necesite. Provee para mí de manera generosa y plena a través de medios legítimos, sin que transgreda prohibición alguna. Otórgame el sustento de manera fácil y honorable, proveniente de Tu amplia y abierta mano, sin tener yo que sufrir dolor ni degradación. Que no tenga que depender de los regalos ni de los préstamos de los hombres.

Otórgame todo lo que necesito para que pueda hacer Tu voluntad y dedicarme a Tu Torá en todo momento, día y noche. Otórgame Torá y prosperidad.

Zivugim - **Pareja Matrimonial**

Ten compasión de mí y ayúdame a conducirme en las relaciones maritales con gran santidad, de acuerdo a Tu voluntad. Ayuda a todos los de Tu pueblo, la Casa de Israel y a todos aquellos de nuestros descendientes, que necesiten encontrar su pareja matrimonial.

Haz que cada uno reciba del Cielo una buena pareja. Que nadie, debido a nuestros pecados, se encuentre con la pareja equivocada, Dios no lo permita. Ayuda a cada judío a encontrar rápidamente la pareja más apropiada para él o para ella, de acuerdo a la raíz de sus almas.

Estudio de la Torá

Señor del Universo: Ayúdame a estudiar la Torá por sí misma, en todo momento. Tú nos has enseñado que las plegarias sólo pueden completarse mediante el estudio de la sagrada Torá: "Cuando la persona cierra sus oídos y no escucha la Torá, sus plegarias son una abominación". Por lo tanto, ayúdame a dedicarme al estudio de la Torá día y noche, para que Tú, con amor, aceptes mis plegarias.

Ayúdame "a cantar por la noche, al comienzo de las guardias" y derramar mi corazón como agua delante de Ti, para que podamos merecer la completa redención por parte de nuestro recto Mashíaj. Que mis plegarias sean como una espada y como un arma para el Mashíaj, como Tú nos lo has aludido a través de Tus santos Sabios.

Con misericordia, ayúdame a unificar todas mis plegarias a los verdaderos Tzadikim de la generación, que tienen el poder de elevar todas las plegarias a través del portal correcto y de la tribu apropiada.

Fe

HaShem: Tú quieres la fe. Hacia ella están dirigidos Tus ojos. Por favor ayúdame: inspírame a tener una fe sagrada en Ti, en todo momento. Llévame a mí y a todo Tu pueblo Israel hacia la fe perfecta. Podamos creer en Ti y en Tus verdaderos Tzadikim constantemente. Que estemos libres de toda confusión y no nos desviemos de nuestra fe, de manera alguna.

Haz que pueda creer en todos los sagrados milagros que has hecho para nosotros. Tú has llevado a cabo los milagros más asombrosos y maravillosos en cada generación, hasta el día de hoy - los milagros "superiores" e "inferiores", aquellos que han sido revelados y aquellos que se mantienen ocultos, aquellos dentro de la naturaleza y aquellos más allá de la naturaleza. Milagros generales y específicos - para cada judío, cada día, a toda hora y a cada momento.

Pueda yo y todo Tu pueblo Israel creer en todos esos milagros, sin reservas y con una fe perfecta. Acalla las bocas de todos los mentirosos que quieren inculcar dudas en nuestros corazones y cubrir los milagros con explicaciones naturales. "Cubre sus rostros con vergüenza y que ellos busquen Tu nombre, HaShem".

Ten piedad de mí y ayúdame a no ser influenciado por esa gente. Que no tenga inclinación alguna a escucharla. Dame el poder de aplastarlos y de desarraigar sus ideas malvadas, por completo. "No habrá esperanzas para los que calumnian; todos los herejes, los pecadores y los ateos perecerán en un instante".

Pon el arrepentimiento en sus corazones y que se retracten de sus opiniones malvadas y confusas. Que todos ellos retornen a Ti genuinamente y con honestidad, y que reconozcan el poder de Tu Reinado.

Eretz Israel

Dios de la fe: Ayúdame a alcanzar una fe perfecta y llévame a Israel, el lugar de nuestra santidad, la raíz de la fe, de las plegarias y de los milagros, la fuente de la vida, la raíz de la cercanía del pueblo judío con Su padre en el Cielo, nuestro lugar sagrado, nuestro orgullo, el lugar de nuestra vitalidad y de nuestra larga vida.

Padre en el Cielo: Ten piedad de nosotros y otórganos, como un regalo de amor, que pronto podamos ir a Eretz Israel y vivir una vida de verdadero servicio a Dios, con reverencia y amor. Apúrate y líbranos de este profundo exilio, tan lejos de nuestra tierra y que ha durado tantos años. Recógenos en paz de los cuatro rincones del mundo y rápidamente llévanos a nuestra tierra con orgullo y dignidad.

Señor del Universo: Tú sabes que este largo exilio se ha debido a nuestra falta de fe. Fue por ello que fuimos al exilio y aún no hemos hecho lo suficiente para fortalecer nuestra fe. Y es por ello que este amargo exilio ha continuado hasta ahora.

Por favor apiádate del pueblo judío, porque no tenemos quien esté por nosotros. Sólo Tu gran Nombre nos sustentará: implanta Tu sagrada fe en nuestros corazones y mantenla firme de ahora y para siempre.

Líbrame de las sinuosas dudas y cuestionamientos en mi corazón. Que nunca tenga la mínima duda sobre cómo Tú gobiernas el mundo. Que siempre crea que Tú eres justo y recto. "Pues la palabra de HaShem es justa y todas sus obras son con fidelidad". "Todos tus mandamientos son fe. Ellos me han perseguido con falsedad - ayúdame".

Sé bueno conmigo y respóndeme, ayúdame a tener una fe perfecta, en todo momento. En mérito a la fe, haznos retornar a la tierra pronto, como está escrito: "Ven, mira desde la cima de Amaná - Emuná, fe". Pronto y en nuestros días. Amén.

10

Teshuvá / Superando el orgullo y la arrogancia / Apego a los Tzadikim / Aplaudiendo y bailando / Purim / Rosh Jodesh / La Cuenta del Omer

Nada realza más la gloria de Dios que cuando aquellos que están muy lejos se acercan a Él; así sean judíos que se han vuelto *baalei teshuvá* -penitentes- como gentiles que se convierten. Esto nos otorga un fuerte argumento para pedirle a Dios que nos ayude a acercarnos a Él: si estamos tan lejos es precisamente el traernos cerca lo que hará que Su gloria se realce de la manera más exaltada.

El orgullo es uno de los obstáculos más grandes en el retorno a Dios. El paso más importante que podemos dar para eliminar el orgullo es reconocer nuestras propias limitaciones y aceptar en nuestras vidas la autoridad del verdadero Tzadik. Debemos volvernos al Tzadik para que ore por nosotros, pues nuestro poder de oración está en general viciado debido a nuestras faltas.

El cuerpo es la raíz de las pasiones egoístas que nos mantienen lejos de Dios, pero cuando abrimos el corazón al sagrado espíritu del Tzadik, éste se difunde hacia nuestros corazones, hacia nuestras manos y pies, iluminando los miembros con la luz espiritual, hasta que llegamos a aplaudir y bailar de alegría. El cuerpo mismo se transforma entonces en un "converso" – en un instrumento vibrante para el servicio y la alabanza a Dios. El Rebe Najman enseña que aplaudir y bailar tienen el poder de endulzar y de mitigar los juicios Divinos.

Señor de todos los mundos, Señor de todo: Tú le revelaste al mundo Tu Divino poder y gobierno a través de nuestros patriarcas, Abraham, Itzjak y Iaacov. A través de ellos, Tu grandeza y santidad se manifestaron de generación en generación, hasta que recibimos Tu sagrada Torá por manos de Moshé, Tu profeta fiel.

Fue entonces que todos los pueblos y naciones vieron Tu grandeza y poder. Ellos percibieron todos los milagros que llevaste a cabo para nosotros cuando nos tomaste y sacaste de Egipto, abriste el mar Rojo y nos ayudaste en la victoria en la guerra contra Amalek. Tu Divinidad les fue revelada. Hasta los más distantes fueron testigos de Tu poder.

Entonces vino Itró, se convirtió y dijo "Ahora sé que HaShem es más grande que todos los dioses". En ese momento, Tu Nombre fue exaltado, magnificado y santificado arriba y abajo. Cuando aquellos que están lejos de Ti llegan a reconocer Tu Divinidad y poder, Tu grandeza y supremacía se hacen evidentes y Tu grande y bendecido Nombre se magnifica, santifica y exalta.

Ten piedad de alguien que está tan lejos

Por lo tanto he venido delante de Ti, HaShem, mi Dios y Dios de mis padres, apelando a Ti. Clamo a Ti desde los confines de la tierra. Dios de misericordia, ten piedad de mí. Estoy tan lejos de Ti. Me siento tan rechazado. Es como si hubiera sido expulsado. Acércame a Ti mediante el poder de Tu amor y misericordia. Pon fin a mis problemas. Comienza, de ahora en adelante, a

178/ El Portal de la Plegaria

acercarme cada vez más.

Tú nos has permitido conocer a través de las enseñanzas de Tus Sabios que Tu grandeza se revela especialmente cuando aquellos que están lejos se acercan genuinamente y comienzan a servirte. Es posible que esté completamente lejos de Ti. Incluso así, por favor no me trates de acuerdo a mis pecados. No me juzgues de acuerdo al mal que he hecho. Incluso cuando la gente está lejos de Ti, Tú estás cerca de ella. ¿No será entonces precisamente a través de mí que Tu bendito Nombre será exaltado, alabado y magnificado - cuando acerques a Ti a alguien tan alejado como yo? Pues Tu grandeza se revela especialmente cuando aquellos que están lejos se acercan genuinamente a Ti.

HaShem: Por favor enséñame a ordenar mis plegarias de la manera apropiada y a expresarme con claridad con palabras que despierten Tu amor y bondad. Envíame palabras puras y hermosas y permite que la plegaria fluya de mi boca de una manera que Te sea agradable y gratificante. Despierta Tu oculto amor por mí y acercarme a Ti.

Estoy tan lejos de Ti. Me siento tan distante de Ti, de maneras tan diversas. Búscame aquí, en el lugar en que estoy y acércame a Ti en aras del puro amor - ese poderoso, ilimitado y tremendo amor que Tú has guardado en Tus tesoros, un amor que ninguna fuerza contraria, que ninguna acusación tiene el poder de restringir, un amor que se extiende incluso a aquellos que han llegado a los límites más extremos del alejamiento y del rechazo y puede hacerlos retornar.

Hazlo en aras de Ti y no por mí. Hazlo en aras de Ti y sálvame. Acércame a Ti. Inspírame con determinación a servirte de la manera en que debo y fortaléceme en el temor al Cielo. Tómame de la mano y libérame de todos los malos rasgos y deseos que están arraigados en mi cuerpo y que constantemente me alejan de Ti.

El exilio del Alma

Tú solo sabes con cuánta desesperación necesito ayuda y cómo mi alma necesita socorro en cada nivel - en mi *nefesh, rúaj* y *neshamá*. Mi alma se originó en las más grandes alturas, donde disfrutaba del abrazo de su Padre en el Cielo. Pero para descender a este mundo tuvo que entrar en un cuerpo burdo y material como éste. ¡Ay del hijo que ha sido exilado de la mesa de su padre!

Tu santa intención ha sido para mi propio bien - para que fuera puesto en una situación de desafío en este bajo mundo. De mí depende utilizar la libertad de elección para superar las limitaciones físicas del cuerpo y conquistar las pasiones de mi corazón, para llegar a conocerte en este bajo mundo, totalmente remoto de Tu santidad.

¿Qué haré, Padre Celestial? He sido incapaz de recibir Tu gran bondad. No he cuidado mi alma y no he hecho el esfuerzo de controlar mis deseos. "Tú me has probado pero no encontraste lo que querías". Mis años se han malgastado en vanidades debido a los apetitos de mi cuerpo, que han estado profundamente arraigados en mí desde mi niñez hasta ahora.

Cada día anhelo una genuina redención espiritual pero mis esperanzas han sido vanas. Cada día mis pasiones me atacan con una fuerza mayor. No tengo en quien apoyarme excepto en Ti, mi Padre en el Cielo. Ten piedad de mí. Sé bueno conmigo aunque no tenga nada para devolverte. Ámame como un padre ama a su hijo. ¡Respóndeme, Padre, respóndeme! ¡Respóndeme, Creador, respóndeme! ¡Respóndeme, Redentor, respóndeme! Haz que pueda seguir el sendero de Tus estatutos y observar Tus leyes. Ayúdame y sálvame.

Por favor, HaShem, salva mi alma de los malos rasgos y deseos que aún siguen arraigados en mi cuerpo, tanto aquellos con los que he nacido -"pues he sido concebido en culpa y mi madre fue llevada por el pecado"- como los que yo mismo permití que se desarrollaran al no hacer el suficiente esfuerzo para luchar y vencerlos. Líbrame de todos ellos desde ahora en adelante.

Ayúdame a llevar una buena vida en el futuro. Otórgame sabiduría, comprensión, buen consejo, fortaleza y poder para salvar mi alma de la destrucción y mantenerme bien lejos de los malos rasgos y deseos. Ayúdame a erradicarlos por completo. Que mi cuerpo sea puro y esté limpio de toda lujuria y mal, ayúdame a alcanzar la santidad y la pureza que le corresponden al judío.

Ayúdame a enmendar en mi vida todo el daño y el mal que he hecho desde mi infancia hasta el día de hoy. Ayúdame a limpiar mi alma de todas las manchas y la corrupción causada por mis pecados y transgresiones. "Tú conoces mi vergüenza y mi deshonra no Te está oculta. Todos mis enemigos están ante Ti". "La vergüenza ha quebrado mi corazón y estoy enfermo de dolor, esperé que alguien se apiadará pero no hubo nadie. Esperé a que alguien me confortara pero no encontré a nadie".

"Retira mi vergüenza, pues tus juicios son buenos". Que mi alma sea preciosa a Tus ojos. Despierta Tu amor frente a las restricciones y el rigor. "Tú has sacado mi alma de la prisión para agradecer Tu Nombre". "¿Qué ganancia hay en mi sangre si desciendo a la destrucción? ¿Acaso el polvo Te reconocerá o proclamará Tu verdad?".

"Despierta, HaShem, salva mi alma" de todas las vergüenzas y deshonras, de todos los malos rasgos y deseos y de todas las faltas y defectos. Perdóname por todo el daño que he hecho hasta ahora. Retira mi vergüenza y arroja todos mis pecados a las profundidades del mar, allí donde nunca sean recordados. No los tengas en cuenta: que simplemente desaparezcan en el olvido. Ayúdame, de ahora en adelante, a limpiar y purificar mi alma y mi cuerpo de todos los malos rasgos y deseos. Que en el futuro pueda ser genuinamente puro y santo, de la manera en que Tú deseas que lo sea.

Acercando a los demás

Ayúdame a acercar también a los demás a Ti. Tú solo conoces la tragedia de todos aquellos que están lejos de Tu Nombre, aprisionados en sus deseos y atrapados en la red de la vanidad. Ayúdame a hablar con ellos de una manera que acepten. Que mis palabras penetren en sus corazones. Haz que pueda decir palabras de verdad y de santidad que entren en sus oídos y en sus corazones, para que retornen a Ti en una verdadera teshuvá. "Los pecadores desaparecerán de la tierra y los malvados ya no estarán. Que mi alma bendiga a HaShem, aleluiá".

Orgullo y arrogancia

Dios misericordioso: ayúdame a quebrar mi arrogancia y vaciar mi corazón de todo orgullo. Por favor HaShem, Tú sabes cuán bajo he llegado. Mis pecados y transgresiones me han alejado de Ti. No puedo fundar mis pedidos en mérito alguno. No lo merezco y sólo puedo pedirte que me ayudes como un don gratuito de misericordia. Tu manera es ser bueno para con todas Tus criaturas y Tu amor y misericordia descienden sobre todas Tus obras.

Dios misericordioso: no permitas que penetre en mi mente el mínimo pensamiento impropio. No permitas que el mínimo atisbo de orgullo o de importancia ni la intención de impresionar a los demás entren nunca en mi corazón ni afecten mi comportamiento, para que mi esperanza no esté perdida del todo, Dios no lo permita.

El poco bien que tengo proviene enteramente de Ti, pues todo proviene de Ti. Todo lo que Te he dado era Tuyo en primer lugar. Incluso esta pequeña cantidad de bien está mezclada con mucha escoria. Es necesario mucho trabajo para refinarla antes de que pueda ser suficientemente pura para elevarse ante Ti.

¿Cómo puede alguien tan distante y groseramente material como yo apoyarse en sus propios méritos, cuando el bien en mí es menos que una gota en el océano? No tengo nada sobre lo cual apoyarme sino en Tu infinito amor y bondad. Si llego a extraviarme y dejo que el mínimo orgullo y arrogancia entren en mi corazón me perderé en mi maldad. ¿Cómo puede una persona simple como yo, carente de todo bien, decir que merece algo?

HaShem: soy incapaz de explicarme y de expresarte mis sentimientos. Ten piedad de mí y sálvame del orgullo y de la arrogancia. Alguien tan bajo como yo realmente no debería orar en absoluto sobre el orgullo. Es absurdo pensar que a alguien tan cubierto de imperfecciones, desde la planta de los pies hasta la cima de la cabeza, podría ocurrírsele tener el mínimo rastro de orgullo.

Aunque en todos mis días sólo Te hubiese fallado en algo mínimo, ¿cómo podría levantar mi cabeza y mirar desde arriba a incluso la más pequeña criatura del mundo, considerando Tu tremenda grandeza y exaltación y los incontables favores y bendiciones que haces descender sobre mí a cada instante?

Tal es el brillo de Tu majestad y grandeza que aunque nuestra única falta hubiera sido no haber llegado a la absoluta perfección en un tema de menor importancia, sería imposible para nosotros levantar nuestras cabezas ante Ti. Después de todo el daño que he hecho, ciertamente no debería pedirte en absoluto el que me libres de la arrogancia.

Pero HaShem, Tú sabes que sólo soy de carne y sangre. Mi mente es un torbellino de pensamientos que a veces bordean la locura. Soy proclive a tener los motivos más ridículos para querer impresionar a los demás y tengo toda clase ideas sobre mi propia importancia, como Tú sabes. Siempre tengo estos pensamientos. Ellos se agolpan en mí, provenientes de todas partes, al punto en que no puedo abrir mis labios para decir una sola palabra con verdadera sinceridad.

No sé que hacer. ¿Hacia dónde habré de correr?

¿Hacia dónde podré volverme? ¿De dónde obtendré ayuda? Es tan doloroso: "Incluso cuando lloro y clamo, mi plegaria está cerrada" debido a todos los pensamientos impropios y falsos motivos que me atacan y confunden al orar.

¿Qué puedo decir? ¿Cómo puedo justificarme? Dios ha encontrado mi pecado. Haz conmigo lo que quieras. Aquí estoy en Tu mano como arcilla en la mano del alfarero. ¡Ten piedad! ¡Sálvame! Soy como un prisionero en camino al cadalso. ¡Sálvame! ¡Libérame! Dios misericordioso, ayúdame y llévame de la muerte hacia la vida, de la tristeza a la alegría, de la oscuridad a la brillante luz.

Dios misericordioso: Ten piedad de mí. Que el mérito y el poder de los verdaderos Tzadikim me proteja. Con su ayuda permite que quiebre mi orgullo y me libere por completo de la arrogancia. Que pueda sentir genuinamente mi propia bajeza en cada miembro de mi cuerpo. No permitas que el mínimo atisbo de orgullo y arrogancia entren en mi corazón y en mi mente, de manera alguna. Llévame a la verdadera humildad y a la fe perfecta.

Ayúdame a liberarme de todas las dudas y cuestionamientos y retira toda confusión y deshonestidad de mi corazón. Que nunca entren nuevamente en mi corazón ni en los corazones de tu pueblo Israel.

Permite que aplauda y baile de alegría

Ayúdame a unirme a los verdaderos Tzadikim y a canalizar su espíritu sagrado hacia mi corazón, para que pueda llegar a la pureza interior y para que mi corazón esté siempre dirigido hacia HaShem en verdad, con fe y genuina humildad.

Que ese espíritu sagrado llegue a mis brazos y piernas, para que pueda corregir todo el daño que he hecho con ellos. Que se revele e irradie la luz espiritual de mis manos y pies. Despierta mi corazón y lléname de la alegría de estar cerca de Dios. Que esa sagrada alegría se difunda en mis brazos y en mis piernas hasta que llegue a aplaudir y bailar.

Dame el poder, mediante el aplaudir y el bailar en santidad, de endulzar y eliminar todos los decretos severos que se ciernen sobre mí y sobre todo Tu pueblo, la Casa de Israel. Pueda levantar mis manos y pies y elevarlos, limpiándolos de toda impureza.

Señor del Universo: mis manos son débiles - ¡dales fuerza! Mis rodillas son inestables - ¡fortalécelas! Ayúdame a purificar y a santificar mis manos y mis pies. Diles a los prisioneros: "¡Salgan!". Que mis pies no tropiecen. Líbralos de sus cadenas. Si mis pies han andado por el sendero del pecado y de la muerte, rápidamente hazlos retornar desde la muerte hacia la vida, para que pueda decir, "mi pie está firme".

Mis manos están sucias de toda clase de inmundicia y de basura. Ten piedad de mí y límpialas. Quita el veneno que se aferra a ellas. Dios misericordioso: perdóname por todo el daño que he hecho con mis manos y con mis pies. Ayúdame, desde ahora en adelante, a santificar mis manos y mis pies y a mantenerlos libres de todo daño e impureza. Que constantemente utilice mis manos y mis pies para realizar mitzvot, para elevarlos hacia su sagrada fuente y revelar su brillo espiritual. Pueda aplaudir y bailar de alegría.

Contando el Omer

Dios misericordioso: Pueda llevar a cabo la mitzvá de la Cuenta del Omer en santidad y pureza, con alegría y con todo mi corazón. Haz que pueda cumplir con la mitzvá en todos sus detalles, con las intenciones apropiadas y con todas las seiscientas trece mitzvot que están unidas a ella. Mediante la mitzvá de la Cuenta del Omer, podamos quebrar y desarraigar la *klipá* de Hamán-Amalek y librar de ella al mundo por completo.

Purim

Ayúdame a entrar en la época de Purim y a celebrar Purim con gran alegría. Que el brillo sagrado de Purim -la santidad de Mordejai y de Ester- brille sobre nosotros y sobre nuestros hijos y sobre todo Tu pueblo Israel. Haz que pueda cumplir con todas las mitzvot de Purim en santidad y pureza, con alegría y con todo mi corazón. Pon alegría en mi corazón y que ésta pueda difundirse hacia mis manos y pies hasta que llegue a aplaudir y a bailar de alegría en alabanza a Tu Nombre.

Que pueda renovar mi compromiso de cumplir con todas las enseñanzas de tu Torá, con amor. Ayúdame a estudiar, enseñar, cuidar, observar y cumplir la Torá. Ilumina mis ojos y otórgame el que pueda estudiar y comprender tanto los aspectos revelados como místicos de la Torá. Ayúdame a avanzar de nivel en nivel y a aprehender Tus secretos ocultos, para que no me presente ante Ti con vergüenza.

Rosh Jodesh - La luna nueva

Ayúdame a alcanzar una perfecta teshuvá. Que no deje este mundo hasta no haberme arrepentido de todos mis pecados y enmendado todo el mal que he hecho, tanto con el pensamiento, con la palabra o la acción. Ayúdame a hacer descender la luz de la perfecta teshuvá desde su raíz -Rosh Jodesh- como lo hemos aprendido de tus verdaderos Tzadikim.

Que siempre pueda celebrar Rosh Jodesh con gran santidad. Tú le has dado a Tu pueblo Israel doce lunas nuevas como una época para la expiación en cada generación. Pueda yo, en cada una, hacer que descienda la luz de la teshuvá desde su raíz, para retornar a Ti con una verdadera y perfecta teshuvá.

Dios misericordioso: haz que tenga fe en los verdaderos Tzadikim y ayúdame a estar genuinamente cerca de ellos. Que siempre pueda despertar su interés por nosotros, para que oren por mí y despierten Tu amor hacia mí, hasta que Tú me lleves realmente cerca de Ti.

Que las necesidades de Israel, tanto físicas como materiales, sean canalizadas hacia nosotros a través de las plegarias de los verdaderos Tzadikim. Tú sabes que soy incapaz de ordenar mis plegarias de la manera apropiada. Mis palabras están llenas de imperfecciones.

Mi única esperanza es apoyarme en las plegarias de los verdaderos Tzadikim, tanto aquellos que están vivos en este mundo -y que vivan mucho tiempo- como de aquellos que descansan en la tierra. Ellos son mi único cimiento. Todas mis esperanzas están en ellos. Es en su gran mérito y poder que me apoyo al venir delante de Ti, HaShem mi Dios y Dios de mis padres. Ten misericordia y piedad de nosotros. Que sus plegarias nos protejan para que genuinamente podamos acercarnos a Ti, alejarnos del mal y hacer siempre el bien a Tus ojos, desde ahora y para siempre. Amén. Selá.

11

Superando la arrogancia y alcanzando la humildad / Comprendiendo los secretos de la Torá / Teshuvá / Pureza moral y armonía marital / Ganándose el sustento

Al estudiar Torá, aunque sea para uno mismo, es importante decir las palabras en voz alta: de esta manera las palabras mismas brillan para nosotros, ayudándonos a comprender dónde hemos cometido errores en nuestras vidas y cómo podemos corregirlos. Cuanto más elevado sea el nivel de teshuvá que alcancemos, más profunda será nuestra comprensión de la Torá. Sin embargo, cuando la persona es arrogante, no sólo la Torá no brilla para ella, sino que se cubre con un velo de materialismo.

La arrogancia está unida a la inmoralidad sexual, mientras que la pureza moral lleva a la verdadera humildad. La pureza moral es un tema central en el Pacto de Dios con el pueblo judío, que no sólo proscribe el incesto, el adulterio y la promiscuidad, sino que también promueve la práctica del autocontrol y la santidad dentro de las relaciones maritales. La unión en santidad del esposo y la esposa tiene el poder de generar *ijudim* -"unificaciones"- en diferentes niveles. El efecto de un *ijud* es revelar cómo partes aparentemente diferentes de la creación de hecho están unidas y expresan la subyacente unidad de Dios.

Para la persona inmoral, el trabajo implícito en el hecho de ganar el sustento puede ser un castigo amargo. Las treinta y nueve tareas empleadas en la construcción del Santuario son el prototipo de todos los trabajos y actividades comerciales. Sin embargo para la persona inmoral las treinta y nueve tareas son experimentadas como los treinta y nueve latigazos que son la pena por quebrar la ley de la Torá. Cuanto más nos santifiquemos, más fácil será ganar el sustento y todas nuestras tareas estarán en la categoría de "construir el santuario".

HaShem: Rey de Gloria, majestuoso y tremendo.

Tú has creado el Universo entero para Tu gloria, como está escrito: "Todos los que son llamados en Mi Nombre, Yo los creé, los formé y los hice para Mi Gloria".

Dios misericordioso: Que Tu majestad se incremente, se exalte y se eleve a través de mí. Ayúdame a anularme completamente y a no buscar el mínimo honor para mí mismo. Que no piense en mi propia importancia y no le preste atención alguna a recibir honores. Que todos mis esfuerzos sean sólo para magnificar la gloria de Dios. Que todos mis emprendimientos y todo lo que haga, piense y quiera, sea sólo en aras de Tu gran gloria, bendito Dios.

Llévame a la verdadera humildad

Ayúdame a quebrar y a eliminar toda la arrogancia que haya en mí. Que no entre en mi corazón ni el mínimo atisbo de orgullo. Llévame a la genuina humildad. Otórgame la sabiduría y la comprensión Divina para que pueda cultivar los caminos de la humildad.

Sálvame de la falsa humildad - de la humildad cuyo objetivo es ganar la estima de la gente. Esta clase de humildad es la arrogancia más grande. Que nunca pretenda ser humilde con intención de ganar la admiración y la estima. Dios amoroso y misericordioso: ayúdame a alcanzar la completa humildad en perfecta sinceridad.

Por favor, HaShem, Dios misericordioso: Tu amor

es un amor verdadero. Que Tu amor y misericordia despierten para alguien tan bajo y miserable como yo. Haz que pueda sentir mi verdadera bajeza y no permitas que mis pecados me alejen del sendero confundiendo mi mente con las tontas ideas de tratar de impresionar a la gente e ilusionarme sobre mi propia importancia. Ten piedad de mí en aras de Ti y sálvame del mínimo atisbo de arrogancia y orgullo.

Yo sé que no soy realmente apto para acercarme a Ti dado que he mostrado tal falta de respeto por Tu honor, como Tú sabes, HaShem, mi Dios. Pero sólo confiaré en Tu abundante amor y bondad pidiéndote que me ayudes y hagas todo lo posible para salvarme del orgullo.

HaShem, ayúdame a mantener mi mente libre de falsos motivos y arrogancia. Ten piedad de mí y no permitas que me extravíe en esos senderos traicioneros. Dios misericordioso, haz que pueda seguir Tus mandamientos y observar Tus leyes con sinceridad, con una completa y verdadera humildad. E incluso en los momentos en que Tú me otorgues la oportunidad de hacer el bien, ayúdame a no pensar en mí, en absoluto.

Señor del Universo: Tú nos has hecho saber cuán grave es el pecado de la arrogancia -que es como la adoración de un ídolo, Dios no lo permita- y que el principal motivo del exilio del pueblo judío se debió al pecado del orgullo. Esto es lo que los Sabios quieren significar cuando dicen que la tierra se arruinó debido a los siete templos idólatras. De manera similar, el orgullo es el principal motivo de que este exilio haya durado tanto tiempo. Hace más de mil ochocientos años que estamos lejos de nuestra tierra y aún no podemos retornar - todo debido al pecado del orgullo y a la búsqueda del honor.

Que la Torá brille en mí

Tú también nos has hecho saber que el arrogante es como un ídolo. Dado que los objetos de la idolatría deben ser quemados, la ley de la Torá los considera como si ya estuviesen molidos y anulados. Es por ello que la gente que es arrogante es incapaz de abrir la boca para decir una sola palabra sagrada. Es como si esas personas estuviesen reducidas a nada, de modo que carecen del necesario aparato vocal.

Cuando uno dice palabras de Torá, éstas deben brillar, como dicen los Sabios: "Abre tu boca y tus palabras brillarán". Pero cuando la Torá surge de la boca de alguien que habla y actúa con arrogancia no sólo no brilla para ella: la misma luz de la Torá se ve oscurecida por un denso velo de materialismo.

Ten piedad de mí y al menos desde ahora en adelante sálvame del pecado del orgullo. Ayúdame a dejar de correr detrás de mi propia gloria, Dios no lo permita. Que no piense en absoluto sobre mi propia importancia y que sólo busque maximizar la gloria de Dios. Que Tu gloria sea elevada, magnificada y revelada a través de mí y pueda santificar mi boca y decir palabras que irradien, hasta que "la tierra brille con Su gloria".

Ayúdame a estudiar mucha Torá, todos los días y a decir las palabras en voz alta. "Pues ellas son la vida de aquellos que las encuentran" - "...De aquellos que las dicen en voz alta". Que mis palabras de Torá arrojen luz en todas las áreas de mi vida en las cuales necesito arrepentirme, hasta que llegue a alcanzar el nivel de teshuvá en el que pueda enmendar todo el mal que he hecho.

Ahora me encuentro en un nivel tan bajo que estoy en los "pies" - no soy mejor que el polvo. Ayúdame a elevarme de nivel en nivel hasta que pueda salir de este estado degradado. Que mediante el hecho de decir palabras radiantes de Torá pueda llegar a una completa teshuvá y emerger desde mi bajo nivel, alcanzando la comprensión de las profundidades de la Torá.

El Pacto

Por favor HaShem: Tú estas pleno de amor y de bondad y Tu amor es un amor verdadero. Apiádate de Tus obras. Abre mi boca y mi corazón para que pueda expresarme delante de Ti y despertar Tu verdadero amor por mí. Ayúdame de ahora en adelante a santificarme y a purificarme a través de la observancia del santo Pacto. Sálvame de toda clase de inmoralidad. "Cuida mis ojos para no mirar la mentira: llévame en Tus senderos hacia la vida".

Dios de perdón: Sé bueno y misericordioso y perdóname por todo lo que he hecho en contra del santo Pacto. Perdóname por todos los pensamientos inmorales que pueda haber tenido, por todo lo inmoral que pueda haber dicho o hecho y por haber abusado de la vista, del oído y del olfato, así sea de manera deliberada o no intencional, de manera voluntaria o bajo compulsión.

"En aras de Tu Nombre, HaShem, perdona mi pecado aunque sea tan grande". Ten piedad de mí: quiebra, destruye y desarma todos los nudos, cuerdas y cadenas del mal creados por mis muchos pecados. Ellos continúan atacándome y tratando de arrastrarme de un pecado a otro, Dios no lo permita. Ellos me impiden santificarme y purificarme de la manera en que debiera. Debido a ello estoy lejos de observar el santo Pacto tal como le corresponde a un judío descendiente de Abraham, Isaac y Iaacov, Tus elegidos.

Señor del Universo: Tú conoces mi corazón. Ten piedad de mí. Corta y anula todos los nudos y cadenas del mal, hasta que no tengan poder alguno para atacarme, de la manera que fuera. Anúlalos por completo para que no quede ni el mínimo rastro de ellos. Que todos mis pecados se transformen en méritos. Yo sé que aún no he alcanzado ese nivel de teshuvá y ni siquiera he comenzado a arrepentirme de manera genuina. Aun así, otórgamelo como un don gratuito de misericordia.

Sálvame de la tentación.

Dios bueno y misericordioso, mira cuán bajo me encuentro y cuán grande es mi lucha. La mala tentación y los deseos yacen esperando por mí, en todo momento, atormentando mi *nefesh*, mi *rúaj* y mi *neshamá* con toda clase de torturas. Me persiguen y me acusan de todas las maneras posibles. Quieren extirparme de la tierra de los vivientes. Desean atrapar mi alma y llevarla en cautiverio.

Yo sé que soy mi propio y peor acusador pues tengo libertad de elección y nadie puede forzarme a ser arrastrado por esos deseos y tentaciones. Reconozco plenamente y confieso que yo soy el culpable - "el pecado está en mí, mi Señor". ¿Pero qué puedo hacer, HaShem? Todo mi poder de resistencia se ha diluido y no sé cómo encontrar el camino para escapar de los malos deseos y fantasías que me atacan constantemente. No sé cómo luchar contra ellos.

Mi única esperanza es apoyarme en Tu abundante amor y misericordia. ¡Ayúdame! Dame la fuerza para resistir los malos pensamientos y deseos. Ayúdame a superarlos, a quebrar su poder sobre mí y a alejarlos de mí y de mi vida, de ahora y para siempre. Que ni un solo pensamiento de lujuria entre en mi mente. Que mi mente y mis pensamientos siempre sean completamente santos y puros.

Dios misericordioso: Ayúdame a alcanzar la santidad y la pureza y a conducirme con santidad y recato incluso en lo que me está permitido. Que constantemente agregue más santidad, hasta que alcance tal nivel de santidad y de desapego de los deseos materiales que las Unificaciones Superiores e Inferiores se produzcan a través de mí.

Señor del Universo: Tú sabes que incluso los estudiosos de Torá y los grandes líderes rabínicos, que sólo tienen relaciones maritales de un Shabat a otro, también necesitan ejercer un tremendo autocontrol y cuidado para ser capaces de observar el Pacto en santidad. Cuánto más aún se aplica esto a la gente común, que también tiene relaciones durante la semana. Ciertamente deben actuar con el mayor cuidado y precaución para conducir sus relaciones maritales en santidad y cuidar el Pacto.

También nos has hecho saber del elevado nivel de santidad de las relaciones matrimoniales judías en su raíz. A través de ellas se producen las Unificaciones Superiores e Inferiores. Todo judío debe hacer su parte en ello.

Dios misericordioso: Ten piedad de nosotros y envía un sagrado despertar a nuestros corazones y a los corazones de todo Tu pueblo, la Casa de Israel. Que todos nosotros, desde el más pequeño hasta el más grande, seamos despertados para santificarnos en aquello que nos está permitido, cuidar constantemente el Pacto y conducir nuestras relaciones con una santidad cada vez mayor.

Que las dos santas Unificaciones, la Superior y la Inferior, se produzcan a través de nosotros, para que Tu santa gloria sea enaltecida y magnificada a la perfección "...y la gloria de HaShem llenará el mundo entero". Irradia el mundo con Tu gloria, ¡podamos regocijarnos en Ti! Y cumple con lo que está escrito: "La gloria de HaShem será por siempre: HaShem se regocijará en Sus obras".

Ganando el Sustento - Construyendo el Santuario

HaShem, Dios misericordioso: Por favor ayúdame y provéeme del sustento de una manera en la cual no pierda mi eterna recompensa luchando para ganarme la vida. Sálvame del azote de las treinta y nueve tareas del Sitra Ájara, el lado del mal. Éstos son los "treinta y nueve latigazos" que arrastran y oprimen a la mayoría de la gente con las preocupaciones y las luchas mundanas. La gente se pasa los días corriendo para ganarse el sustento con el dolor y el esfuerzo más grande, "comiendo su pan en la miseria".

Con el sudor de la frente comerán pan, hasta que retornen a la tierra, sin llevarse nada de su trabajo - pues la lucha por ganar el sustento domina tanto sus mentes, durante toda su vida, que no recuerdan el propósito final. ¿Qué harán en el Día del Juicio?

Por favor HaShem, Tú estás pleno de amor y de bondad: Ten misericordia de mí y de todo Tu pueblo Israel y sálvanos de todo esto. No me dejes caer en la lucha por ganar el sustento. Sea cual fuere la tarea que deba realizar para ganarme la vida, ayúdame a llevar a cabo todo en santidad y pureza, con verdad y fe, de acuerdo con Tu voluntad. Que no tenga que luchar en absoluto. Sálvame de todas las confusiones mentales.

Hazme saber y creer que todo proviene de Ti y que nada está en mis manos, en absoluto. Que pueda llevar a cabo todas mis tareas y actividades comerciales con tal pureza y refinamiento que las treinta y nueve tareas brillen y se unan con las treinta y nueve luces que emanan de Tu gran Nombre. Pueda llevar a cabo las treinta y nueve tareas en santidad y pureza para que todo lo que haga sea "la construcción del Santuario".

Bendice la obra de mis manos. Envíame bendiciones y éxito en todos mis emprendimientos y actividades. Envíame el sustento antes que lo necesite, de manera amplia y no escasa, a través de medios permitidos y no prohibidos, provenientes de Tu mano abierta y generosa. "Que el deleite de Dios, nuestro Dios, esté sobre nosotros. Que Él haga prosperar la obra de nuestra manos, que el trabajo de nuestra manos prospere".

Pueda estar satisfecho y contento con mi parte

HaShem: Ayúdame a estar satisfecho y contento con mi parte, en todo momento. Que mi mayor énfasis esté puesto en el estudio de la Torá y que sólo tenga que trabajar de manera casual. Que en los cortos períodos en los que tenga que dedicarme al trabajo o a los negocios para ganarme el sustento, esté unido a Ti y a Tu sagrada

Torá. Que nunca me olvide de Ti ni siquiera por un breve momento.

HaShem: Por favor otórgame todo lo que Te he pedido. Ayúdame a santificarme a través de la observancia del santo Pacto, desde ahora en adelante. Pueda subordinarme a Ti en completa verdad. No permitas que el mínimo atisbo de orgullo o de arrogancia surja en mi corazón o en mi mente. Límpiame de los motivos que me llevan a tratar de impresionar a los demás y a obtener su admiración. Pueda alcanzar la genuina humildad y que Tu gloria pueda magnificarse, santificarse y elevarse a través de mí.

Ayúdame a decir palabras radiantes de Torá y que estas palabras brillen sobre mí y me ayuden a emerger de mi bajo nivel. Que las palabras de Torá arrojen luz en todas las áreas de mi vida en las cuales necesito arrepentirme, para que pueda llegar a una completa reparación de todos mis pecados y transgresiones y por toda la falta de respeto que he mostrado ante Tu gran gloria, desde mi infancia hasta el día de hoy.

Otórgame el que pueda rectificar todo en mi vida y ayúdame a avanzar constantemente de un nivel a otro, hasta que pueda obtener una comprensión de las profundidades de la Torá. Llévame a conocer y a comprender tanto las leyes de la Torá como sus misterios - los secretos y los secretos de los secretos.

HaShem: En el corazón de los corazones yo sé muy bien cuán lejos estoy de todos estos niveles. Mi rostro está cubierto de vergüenza por el solo hecho de hacerte estos pedidos. ¿Cómo puede alguien tan bajo como yo atreverse a pedir cosas tan elevadas? Pero me apoyo y confío en Tu gran amor y bondad. Me sostengo en Tu bondad y humildad. Tú eres bueno para todo y nada Te es imposible. Tú llevas a cabo las maravillas más grandes e incomprensibles, a todo momento - ¿quién Te dirá lo que debes hacer?

Mis ojos están en Ti, esperando a que me muestres Tu amor y bondad. Ayúdame a alcanzar lo que Te he pedido, pronto y con facilidad - ¿si no es ahora, cuándo? He malgastado mis años en vanidad y vacío. Dios misericordioso: Ayúdame, desde este momento, a llenarme de santidad y pureza, hasta alcanzar todo lo que he pedido de Ti.

¡Hazlo en aras de Tu nombre! ¡Hazlo en aras de Tu gloria! ¡Hazlo en aras de Tu santidad! ¡Hazlo en aras de Tu Torá! Pues como judíos, somos llamados por Tu Nombre y estamos asociados con Tu gloria; y Tú ya nos has prometido que no le darás Tu gloria a otro, como está escrito: "Yo soy HaShem, ése es Mi Nombre y mi gloria no se la daré a otro ni mi alabanza a los ídolos".

Ayúdame, HaShem y que Tu gloria se magnifique a través de mí. Que Tu gloria llene el mundo entero. Ilumina el mundo con Tu gloria. "Que la gloria de HaShem sea por siempre. HaShem se regocijará en sus obras. Bendito sea HaShem, Dios de Israel, quien hace tremendas maravillas. Y bendito sea Su glorioso Nombre por siempre. Que Su gloria llene el mundo entero". Amén. Amén.

12

Estudio de la Torá por sí misma / Apego a los verdaderos Tzadikim

Pese a la profundidad de nuestro exilio espiritual, el estudio de la Torá tiene el poder de elevarnos a niveles mucho más grandes de teshuvá y de conexión con Dios, pero sólo si el estudio de Torá es en aras de la Torá misma - "para aprender, enseñar, observar y llevar a cabo" la voluntad de Dios y darle placer al Creador. Algunos de los más grandes opositores de los verdaderos Tzadikim han sido estudiosos de la Torá quienes la estudiaron para su propia vanagloria. Sin embargo, el verdadero Tzadik tiene el poder de elevar la "Torá caída" de tales estudiosos y restaurarla a su fuente sagrada.

Toda la Torá Oral -la Mishná, la Guemará, los Midrashim, la Halajá, la Kabalá, la Jasidut, etcétera- fue revelada y transmitida por generaciones de Tzadikim. Mediante el intenso estudio de la Torá por sí misma, podemos unir nuestras almas con el alma del Taná (maestro de la Mishná) o Tzadik que reveló originalmente la enseñanza que estamos estudiando. La íntima comunión espiritual que se produce al pronunciar las palabras de las enseñanzas del Tzadik es llamada "besar".

¡HaShem!

¿Cómo podré acercarme a Ti después de todo el amor y la bondad que me has demostrado?

Tú nos ha dado la Torá de verdad y establecido la vida eterna entre nosotros. La bondad que nos has demostrado es para toda la eternidad. HaShem: Despierta Tu amor por mí. Así como Tú te apiadas de nosotros y con amor nos das Tu santa Torá -ese tesoro oculto, esa alegría diaria- de la misma manera ayúdame y llévame a estar constantemente inmerso en el estudio de la Torá por la Torá misma.

Que no les preste ninguna atención a las vanidades de este mundo. Que mi único deseo sea por Tu Torá. Haz que pueda meditar en Tu Torá día y noche. Que me conduzca en todos mis estudios en santidad y pureza y que mi único motivo sea estudiar en aras de Tu grande y exaltado Nombre, dándote deleite.

Llévame a estudiar, a enseñar, a cuidar, a practicar y a cumplir todas las enseñanzas de Torá, con amor. Que la luz de la santa Torá brille sobre mí. Que el estudio y la contemplación de la Torá me saque de la oscuridad y me lleve hacia la luz, que me permita arrepentirme y llegar a una perfecta teshuvá. Como dijeron nuestros Sabios: "El brillo de la Torá tiene el poder de hacer que la gente se vuelva hacia el bien".

Por favor, HaShem: Que mi estudio de Torá sea un elixir de vida. Que me lleve de retorno hacia Ti en una genuina y perfecta teshuvá. Que restaure mi juventud como el águila y me devuelva el tiempo que he pasado en tan intensa oscuridad.

De ahora en adelante haz que el mérito y el poder de la santa Torá me protejan de toda clase de pecado y trasgresión y de todas las malas acciones, tanto cuando estoy dedicado al estudio como en los momentos en que lo interrumpo. Que el mérito y el poder de la Torá me den una constante protección y me salven de toda clase de pecado y de mala acción, así como Tú nos lo has informado a través de Tus santos Sabios, quienes dijeron que "la Torá protege tanto cuando uno está dedicado a ella como en momentos en los que no lo está".

Que el estudio de la Torá traiga sobre mí un flujo de santidad y de pureza y que desde ahora en adelante me santifique y me purifique de la manera en que Tú lo deseas - para mi propio bien.

Por favor, Dios de amor: Ten piedad de mí y de todo Tu pueblo Israel. Hemos caído muy bajo y no tenemos quien nos ayude ni sustente. "La mano del enemigo se hace cada vez más fuerte y no hay nadie que pueda guiarnos y salvarnos". No tenemos nada que nos dé vida y eleve nuestras hundidas almas salvo el estudio de Tu Torá, cuya santidad, pureza y perfección iluminan los ojos y restauran el alma.

Tú nos has prometido en la Torá que incluso en esta época, al final de los días, pese a la intensidad del "ocultamiento dentro del ocultamiento" -cuando el hecho mismo del ocultamiento de Dios está oculto de nosotros- incluso ahora, la Torá no será olvidada: que no cesará de ser oída de nuestras bocas y de las bocas de nuestros hijos y descendientes.

Está escrito: "De seguro ocultaré Mi rostro de ellos" -un ocultamiento dentro del ocultamiento- "...y esta canción" -la Torá- "dará testimonio delante del pueblo como testigo, pues no será olvidada de la boca de sus descendientes".

Pues bien, la primera parte de la profecía -"De seguro ocultaré"- ya se ha realizado: Tú te has ocultado de nosotros detrás de innumerables velos, como Tú sabes, HaShem.

Despierta Tu gran amor por nosotros y Ten piedad. No ocultes más Tu rostro. Vuélvete a nosotros. Sé bueno y haz brillar Tu rostro sobre nosotros. Cumple con la santa promesa que nos hiciste, que "esta canción" -la Torá- "dará testimonio delante del pueblo como testigo, pues *no será olvidada* de la boca de sus descendientes" - ¡no cesará de ser oída de nuestros labios!

Dios misericordioso: Ayúdanos a estudiar y a meditar sobre Tu santa Torá constantemente, día y noche, en santidad y pureza - tanto nosotros como nuestros hijos y los hijos de nuestros hijos, y no permitas que nunca olvidemos Tu Torá. No dejes que la Torá deje de ser oída de nuestras bocas y de las bocas de nuestros descendientes.

Que se cumpla en nosotros la profecía de Isaías: "En cuanto a Mí, éste es Mi pacto con ellos, dice HaShem: Mi espíritu que se encuentra sobre ti y mis palabras que he puesto en tu boca no partirán de tu boca ni de la boca de tus hijos ni de los hijos de tus hijos, dice HaShem, de ahora y para siempre".

Ayúdanos, mediante nuestro estudio de la Torá a retornar a Ti en una sincera teshuvá y arrepentirnos de todos nuestros muchos pecados, trasgresiones y rebeliones. Que de ahora en más podamos poner en práctica todo lo que enseña la Torá, con amor.

Conectándose con el Tzadik mediante el estudio intenso de la Torá

Despierta Tu amor por mí. Haz brillar Tu espíritu sagrado sobre mí. Llévame a estudiar Torá -tanto la Torá Escrita como la Torá Oral- con tal sagrada intensidad que al estudiar tenga el poder de conectar mi alma con el alma del Tzadik que reveló por primera vez la enseñanza que estoy estudiando. Ayúdame a llegar a ese nivel de la comunión espiritual conocido como "besar". Pueda unir mi alma con el alma del Tzadik con tal intimidad que será como si estuviese "besando" al Tzadik o al Taná que dio por primera vez esa enseñanza.

Que mi estudio le dé al Tzadik o al Taná un profundo placer. Pueda yo traerle al Taná o al Tzadik un supremo deleite al estudiar sus palabras con extrema santidad, para que incluso en la tumba sus mismos labios susurren suavemente. Y al estudiar la Torá con gran santidad y pureza pueda elevar la Shejiná desde el polvo y sacarla del exilio.

Por favor HaShem, Dios misericordioso: Nuestro espíritu está tan decaído. Ten piedad de nosotros. Protégeme a mí y a mis hijos, a mis descendientes y a todos los de Tu pueblo, la Casa de Israel. Mantenme bien lejos de aquellos que se han extraviado del verdadero sendero. Dios compasivo: no dejes nunca que mi estudio de Torá se transforme en un veneno mortal, Dios no lo quiera. No permitas que la mínima alusión a la oposición a los verdaderos Tzadikim pueda entrar en mi corazón como resultado de algo que estudie. Que nunca estudie para vanagloriarme o para amonestar a alguien, especialmente al estudiar la Torá Oral - la Guemará con sus comentarios y los Códigos Legales.

HaShem, Dios misericordioso: Sálvame del mínimo atisbo de orgullo o arrogancia. Que nunca me considere astuto ni demasiado listo de manera alguna. Que nunca albergue dudas o cuestionamientos en mi corazón sobre los verdaderos Tzadikim de la generación. Y que ninguna palabra insolente en su contra salga de mis labios. Que nunca insulte su honor de manera alguna, Dios no lo permita.

Por el contrario, que mis estudios me lleven a una cercana unión y conexión con los verdaderos Tzadikim. Pueda aceptar su autoridad, creer en ellos y subordinarme a ellos. Pueda abrazar el polvo de sus pies y beber sediento sus sagradas palabras, todos los días de mi vida - al igual que mis hijos, los hijos de mis hijos y aquellos de todo Tu pueblo, la Casa de Israel, desde ahora y para siempre.

Pueda acercarme y unirme a los Tzadikim muy grandes que tienen el poder de hacer que todas las tergiversadas palabras de las calumnias dichas en contra de los Tzadikim retornen a su fuente sagrada. Quienes las utilizan para reconstruir las leyes originales de Torá de las cuales las han tomado los enemigos de la verdad. Pues ellos utilizan su estudio de la Torá Oral para tergiversar las palabras del Dios viviente, para establecer un ámbito desde el cual hablar de manera insolente y con desprecio en contra del Tzadik.

Dios de misericordia: Mediante el poder de los verdaderos Tzadikim pueda yo llegar a santificarme y a purificarme genuinamente hasta alcanzar también esa sabiduría y saber cómo reconocer las palabras tergiversadas y transformarlas y elevarlas de retorno a su raíz sagrada, para volverlas en genuinas leyes de Torá.

Ayúdame a elevar a la Shejiná desde su exilio y llevarla a unirse con su Amado, en amor, hermandad y amistad, "abrazando", "besando" y unificándose de manera perfecta. Ayúdame a humillar y quebrar a aquellos que se oponen a la verdad y sacar la presa de sus bocas. Pon verdad y fe en sus corazones para que lleguen a reconocer la verdad. Que retornen a Ti de manera genuina y de todo corazón.

Revela la verdad y difúndela en todos los mundos, cumpliendo con el versículo de los Salmos: "La verdad surgirá de la tierra y la justicia será vista desde los cielos". Que la paz reine entre todos los miembros de Tu pueblo Israel, por siempre.

Pueda yo servirte con alegría en todo momento. Ayúdame a ser una de aquellas personas que soportan el insulto en silencio, que no responden aunque sus mismos corazones sean maltratados, que actúan por amor y se regocijan en el sufrimiento.

Otórganos la sagrada sabiduría, la comprensión y el conocimiento. Podamos estudiar la santa Torá por sí misma, en todo momento y retornar a Ti en verdad y con sinceridad. Que las abundantes bendiciones fluyan y desciendan hacia nosotros desde la fuente de las bendiciones y que hagamos Tu voluntad en verdad, todos los días de nuestras vidas - nosotros, nuestros hijos, nuestros descendientes y todo Tu pueblo la casa de Israel, desde ahora y para siempre. Amén. Selá.

13

Hashgajá - Providencia Divina / Apego al Tzadik / Oír Torá del Tzadik / Quebrar el deseo de riqueza / Caridad

Ciertos grandes Tzadikim tienen el poder único de elevar las almas de los que vienen a oir sus enseñanzas de Torá. El Tzadik asciende espiritualmente junto con las almas de aquellos que están presentes y es capaz de hacer que desciendan exaltadas enseñanzas de Torá que renuevan y fortalecen sus almas, elevando incluso sus más bajos deseos. Los seguidores del verdadero Tzadik experimentan un poderoso sentido de camaradería que los hace ayudarse los unos a los otros, apoyándose y alentándose en la búsqueda del sendero espiritual.

El poder del Tzadik para ascender con las almas de sus seguidores deriva del hecho de haberse liberado del deseo de dinero. También nosotros podemos quebrar este deseo, como una precondición para alcanzar percepciones espirituales y conciencia de la *hashgajá* de Dios - la providencia constante y amorosa sobre nosotros que finalmente llevará al retorno de los exilios, a la revelación del Mashíaj y a la reconstrucción del Templo.

La manera de eliminar el deseo de riqueza es ocuparse de la caridad - tanto dando caridad como alentando a los demás a hacerlo. También debemos conducir todos nuestros negocios con fidelidad y honestidad. Sólo entonces podremos percibir las enseñanzas de la Torá que están contenidas incluso en los asuntos mundanos. Cuanto más cerca estemos de la Torá, más directamente podremos experimentar la providencia de Dios.

HaShem: Tú habitas en las alturas más exaltadas pero Tu cuidado y providencia se extienden a los niveles más bajos. Tu pueblo mira hacia Ti como siervos que miran a los ojos de su amo. Nos postramos delante de Ti y hacia Ti extendemos nuestras manos:

Brilla sobre nosotros, desde Tu sagrado ámbito y ayúdanos a llevar a cabo la voluntad de nuestro Hacedor, con temor y reverencia. Cuídanos. Protégenos y ocúpate de nosotros haciéndonos retornar a Eretz Israel como palomas volviendo a sus nidos.

Señor del Universo: Tú oyes todas las plegarias y ruegos y escuchas atentamente el clamor de los necesitados. Señor de todos los mundos: Tú conoces mi corazón. Soy incapaz de expresar mis plegarias ante Ti de una manera ordenada. Me encuentro rodeado de innumerables dificultades. Mis pecados me han atrapado - ellos me han cegado. Son más que los cabellos de mi cabeza. Mi corazón me ha abandonado. HaShem, Dios misericordioso: ¿Qué debo hacer? ¿Adónde iré para encontrar un genuino alivio?

Yo sé cuán lejos me encuentro de Ti, debido a todo el mal que he hecho desde mis primeros días hasta hoy. Día tras día he pecado. Estoy cubierto de imperfecciones, desde la planta de los pies hasta la cima de mi cabeza. No hay un solo lugar sano. No sólo soy incapaz de avanzar desde lo profano hacia lo sagrado; ni siquiera fui capaz de controlarme en lo más mínimo. He hecho una cosa mala tras otra. Ni siquiera puedo comenzar a especificar incluso la mínima fracción de mis innumerables pecados ni estimar el daño que he causado.

¿Qué puedo decir? ¿Qué puedo decir? HaShem, Tú sabes que me sería casi imposible evaluar el daño que he hecho. Incluso el pequeño bien que poseo -al menos lo que en mi nivel es llamado bien- está lleno de imperfecciones. ¿Cómo puede alguien como yo, cubierto de llagas e impurezas ponerse de pie para pedirte que me ayudes y salves mi alma de la destrucción, llevándome hacia la luz de la vida?

Pero si dijera que toda esperanza en Dios está perdida, ello sería peor aún que todo lo anterior junto. Mediante Tus profetas y Tus santos Tzadikim nos has enseñado que uno nunca debe abandonar ni perder la esperanza en Dios.

El verdadero Tzadik

Dios misericordioso: Tú has planeado todo para nuestro bien final y nos has enviado el remedio incluso antes de la herida. Tú nos has enviado verdaderos Tzadikim -santos que ahora descansan en la tierra- que han sido nuestro sustento y refugio. Tú les diste, debido al tremendo bien que hicieron, el poder de elevar a todos aquellos que tuvieron el privilegio de acercarse genuinamente a ellos y de llevarlos de retorno a Ti en completa teshuvá.

Incluso tuvieron el poder de elevar mi pobre alma y restaurarla después de haber estado tan terriblemente quebrada, tan cansada, hambrienta, sedienta y amargada. Y junto con todas las otras almas reunidas a su alrededor, yo también fui elevado e inspirado, demostrando que *sí hay* esperanza para los caídos. ¡Qué privilegio fue ver a los Tzadikim que tenían tal poder y más! ¡Cuán afortunadas fueron las almas que ascendieron con la ayuda de esos Tzadikim a tales alturas de devoción y experimentaron la renovación!

He venido delante de Ti ahora, HaShem, mi Dios y Dios de mis padres, para pedirte que Te apiades de mí y tengas misericordia de mi pobre alma. Muéstrame qué debo hacer ahora que, debido a nuestros muchos pecados, los verdaderos Tzadikim han dejado este mundo. Hemos sido abandonados, como un mástil solitario en la cima de la montaña. "El Tzadik se ha perdido, pero nadie se detiene a considerarlo; los hombres de piedad han sido retirados, pero nadie comprende; el Tzadik ha sido tomado, para no ver el mal que vendrá".

Padre misericordioso, Padre en el Cielo: Mira la desesperada situación en la cual nos encontramos. Ahora estamos viviendo el cumplimiento de la profecía que anuncia que "un momento de dificultad llegará a Iaacov como nunca antes lo ha habido". Nos has asestado un "golpe que no está escrito en la Torá" - "ésta es la muerte de los Tzadikim", aquellos fieles líderes que solían llevarnos como el ama de leche lleva al niño de pecho. Ellos se compadecían de nuestras almas y buscaban constantemente la manera de curarnos y de revivir nuestras almas, renovando como el águila nuestros días de oscuridad.

¿Hacia dónde nos volveremos ahora? ¿Adónde iremos por refugio? ¿Dónde buscaremos ayuda?

Señor del Universo: Mira en qué situación tan miserable nos encontramos. Nuestros corazones están llenos de dolor y de amargura. Somos como ovejas llevadas al matadero.

¡Mira en lo que me he transformado! Ando de aquí para allá como un "fugitivo y un vagabundo". Soy como un cuerpo sin alma, como un *golem* sin mente. Soy como un barco sin capitán a la deriva en el corazón del mar, con los vientos tormentosos soplando cada vez más fuerte.

Mis pecados hacen que me parezca imposible el que alguna vez pueda acercarme a Ti. Los senderos de la teshuvá me están ocultos. No tengo idea de cómo alcanzar la sabiduría y la comprensión para desarrollar la fortaleza que me permita luchar en contra de la mala inclinación y quebrarla, forzándola a someterse ante Ti, para volverme hacia Ti con sinceridad y con todo mi corazón.

Me he extraviado lejos de Tu santidad, HaShem: "Me he extraviado como una oveja perdida. Busca a tu siervo, pues no he olvidado Tus mandamientos". HaShem: Tú sabes que no importa cuántas veces me haya confesado delante de Ti, aún no he comenzado siquiera ha expresar mis pensamientos y a explicarte cuán lejos me siento de Ti. Es imposible encontrar palabras para expresar cuán lejos estoy y cuántos errores he cometido. No sé dónde estoy en el mundo. Todo lo que sé es cuán distante me siento de Ti y cuánto daño he hecho. Desde mi juventud hasta hoy no tuve un sólo día que pudiera llamar perfecto y sin falencias.

Incluso en aquellas ocasiones en las que Tú me ayudaste a despertar y a tratar de servirte, nunca pude persistir y continuar en el sendero de la santidad por más de un corto período. Aunque Tú me ayudaste, yo no tuve piedad de mí. No traté de mantenerme firme ni siquiera por un día. "Aún cuando el Rey estaba sentado en su palacio, mi nardo exhaló su perfume".

Incluso así, Tú me demuestras amor y bondad, en todo momento, y me ayudas constantemente. Tú me has tratado con benevolencia pero yo Te lo he devuelto con mal. Soy tan débil y me encuentro bajo tal presión que necesito desesperadamente que nos envíes a un verdadero líder - alguien que constantemente cuide de nosotros y "tenga piedad del pobre y del menesteroso y salve a las almas de los necesitados". Me hace falta alguien que me tome en su mano y me eleve desde mi oscuridad hacia la luz, mostrándome el sendero que debo tomar y qué es lo que debo hacer.

¡Señor del Universo! ¡Dios misericordioso! Dios de Israel, que realmente amas al pueblo judío: "Dime Tú, a quien ama mi alma: ¿Dónde haces pastar a Tu rebaño? ¿Dónde lo has puesto a descansar del fiero sol del largo exilio?". Nuestros muchos pecados nos han hecho experimentar las palabras del profeta: "¿Quién tendrá piedad de ti, Jerusalén, quién sentirá simpatía por ti y quién se volverá a preguntar cómo estás?".

Aun así, Señor del Universo, Tú ya nos has prometido que no habrá generación huérfana. Incluso en esta generación debe haber por cierto Tzadikim verdaderos que tengan el poder de reunir nuestras almas y de reavivarlas, revelando nuevas e inspiradoras enseñanzas de Torá que nos hagan retornar a Ti en completa teshuvá.

HaShem nuestro Dios y Dios de nuestros padres: Ten compasión y no Te alejes de nosotros. Muéstranos a los verdaderos Tzadikim de esta generación y otórganos el que podamos acercarnos a ellos. No tenemos a nadie en quien apoyarnos si no es en Ti, nuestro Padre en el Cielo y en los verdaderos Tzadikim, a través de los cuales con amor Tú ayudas y sustentas a Tu pueblo Israel.

Superando el deseo de riqueza

Dios de misericordia: Ayúdame a luchar y a controlar mis apetitos y mis pensamientos y deseos negativos. Ayúdame a quebrar el deseo de riqueza material y pueda estar satisfecho con la porción que Tú me has dado, HaShem. Pueda superar la urgencia de enriquecerme y ayúdame a dejar de correr tras extravagancias innecesarias y ganancias deshonestas.

Aunque tenga que ganarme la vida mediante el trabajo y los negocios pueda hacerlo en santidad y pureza, en aras de Tu gran Nombre. Ayúdame a ser honesto en los negocios. Pueda establecer momentos fijos y especiales para el estudio de la Torá y darle a la Torá un lugar de privilegio en mi vida, con el trabajo y los negocios como algo secundario. Que no esté preocupado por los problemas del comercio. Incluso al dedicarme a mis tareas, que mis pensamientos siempre estén unidos a Ti y a Tu santa Torá - porque no hay trabajo ni negocio en el mundo que no contenga Torá, aunque esté densamente velada.

Llévame hacia una perfecta confianza. Que pueda confiar en Ti en todo momento y arrojar mi carga sobre Ti. Y Tú, HaShem, susténtame y guíame en todos mis asuntos comerciales. Que pueda saber cómo conducirme, cuándo comprar, cuándo vender y todo lo demás que necesito saber. Llévame por el sendero correcto. Dame éxito en todas mis tareas. Envíame una buena vida, con facilidad y sin tener que esforzarme en ello, en absoluto, para que pueda hacer Tu voluntad y ocuparme de Tu Torá y servirte en todo momento.

Por favor, HaShem, ten misericordia de mi alma y de las almas de todo el pueblo judío. Sepáranos de aquellos que se han extraviado y que han despreciado su recompensa eterna debido al deseo de dinero. Sus días se consumen con preocupaciones sobre cómo ganar el sustento. "Con el sudor de sus frentes comerán pan hasta que vuelvan a la tierra" - y después de tanto trabajo no se llevarán nada con ellos. Dios misericordioso, sálvanos de tales personas.

Ten misericordia de mí y de todo Tu pueblo, la casa de Israel y sálvanos del deseo de dinero, que se ha vuelto tan fuerte y difundido en las recientes generaciones. Hemos alcanzado el punto en el cual nos es imposible observarnos con calma y pensar cuidadosamente sobre qué será de nosotros al final y cómo nos presentaremos cuando lleguemos delante del Rey. En su lugar, estamos constantemente preocupados con pensamientos sobre cómo ganar el sustento. Incluso el hecho de ganar lo que es necesario nos produce una tremenda confusión.

Caridad

HaShem, Dios misericordioso: Ten piedad de mí y sálvame de los malos deseos de dinero. Ayúdame a dar abundante caridad a gente que genuinamente lo merece. Que mi principal intención al trabajar y al dedicarme al comercio sea el dar caridad. Que al hacerlo vaya más allá de lo que pienso que son mis propios límites. Envíame destinatarios que lo merezcan. Ayúdame a cumplir con la mitzvá de la caridad a la perfección, con sinceridad, con alegría, con buenos sentimientos y una expresión amable. Que pueda dar caridad de tal manera que aquel que la reciba no se sienta avergonzado. Ayúdame a hablarles a los corazones de aquellos que son pobres y desafortunados, a reconfortarlos y ayudarlos a sentirse mejor.

"Envíame la alegría de Tu salvación y susténtame con un espíritu dadivoso". Que siempre sea generoso y de corazón abierto y pueda dedicar todas mis fuerzas a ayudar a aquellos que genuinamente lo necesitan. Que sea digno de tomar de mi propio dinero y dárselo a ellos con ambas manos, para compartir con ellos las bendiciones que Tú constantemente haces descender sobre mí. De la misma manera y cuando sea necesario, pueda hacer todos los esfuerzos posibles para ayudarlos y acercarme a mis hermanos judíos para apelar a su generosidad y pedirles que den caridad. Ayúdame a llenar las manos de los necesitados con todo lo que requieran, así sean alimentos, vestimentas o alguna otra cosa.

Cuando acuda a los demás para que den caridad, ayúdame a encontrar favor en sus ojos. Que mis palabras entren en sus oídos y en sus corazones y los inspiren a dar generosamente, por propia voluntad. Pueda recibir una abundante contribución de cada uno de ellos. Ayúdame a encontrar palabras que transformen la crueldad instintiva del corazón en un espíritu de generosidad. Y que yo mismo dé abundantemente y de todo corazón todos los días de mi vida.

Mediante el mérito y el poder de la caridad colectiva de Tu pueblo, la Casa de Israel, podamos quebrar nuestro deseo de dinero. Que el espíritu generoso de la sagrada caridad descienda sobre nosotros y enfríe nuestra pasión por el dinero, el deseo de riquezas y de grandeza y nuestra ardiente ambición de ser ricos en un mundo que no nos pertenece. Ayúdanos a deshacernos de los dioses de plata y de oro hasta que vaciemos totalmente nuestros corazones de todo deseo y pasión por el dinero.

Que siempre estemos satisfechos con nuestra porción. Que estemos contentos con todo lo que Tú le has dado a cada uno de nosotros, tan amorosamente, siempre. Que no posemos nuestros ojos en lo que no es nuestro. Que no envidiemos lo que pertenece a nuestros amigos. Que siempre estemos alegres con nuestra porción. Dios misericordioso, ayúdanos a unirnos completamente a los verdaderos Tzadikim de esta generación, quienes han quebrado totalmente el deseo de dinero.

Revelar los secretos de la Torá

Que Tu bondad fluya hacia nosotros y abre para nosotros la luz del Conocimiento. Podamos llegar cerca del Tzadik que tiene el poder y la sabiduría de recolectar todas las almas y elevarlas, como está dicho, "El sabio tomará almas". Nuestras almas se unirán y el verdadero Sabio las tomará y ascenderá con ellas para renovarlas para bien, haciendo descender nuevas enseñanzas de Torá desde la boca del Anciano de Días, como está dicho, "El sabio ascendió a la ciudad de los poderosos y trajo la fortaleza en que confía" - la Torá. Dios misericordioso: Revélanos los secretos de la Torá - la Torá del Anciano Oculto.

Por favor, HaShem: Otórgame con amor mi pedido, en aras de Tu Nombre. Dios bueno y misericordioso: Otórgame el que pueda acercarme al verdadero Tzadik de esta generación, quien tiene el poder y la sabiduría para juntar nuestras almas y elevarlas unificando al Santo, bendito sea con Su Presencia Inmanente. Que nuestras almas puedan renacer y ser renovadas para bien a través de las nuevas enseñanzas de Torá que él revelará.

Tú sabes cuán triste y confundido estoy. Estoy tan amargado, al punto en que "...se ha debilitado el poder de aguantarlo". No puedo aguantar más el dolor y la confusión. Mi mente corre hacia todos lados: no tengo a nadie que esté por mí y me ayude, salvándome de esta confusión y amargura.

No tengo sobre qué apoyarme excepto en los verdaderos Tzadikim. Ellos son los únicos que tienen la sabiduría y la capacidad de salvar de esta confusión a alguien como yo y elevar incluso mis peores cualidades y deseos. Sólo los Tzadikim tienen el poder de purificar mis rasgos negativos y elevarlos junto con todos mis buenos atributos y deseos. Sólo ellos pueden recolectar las partes desarticuladas de mi personalidad y elevarlas, para renovarlas para bien, irradiando una nueva luz sobre mi alma oscurecida. Entonces seré capaz de experimentar las "brillantes luces", mi alma hambrienta estará saciada de bien y mi juventud se renovará como el águila. Mi alma se unirá con todas las almas de Tu pueblo, la Casa de Israel y estaremos unidos, los grandes y los pequeños.

Dios gracioso y misericordioso: Haz que pueda acercarme al verdadero Tzadik que tiene ese poder y sabiduría. Que él reúna nuestras almas y las eleve ante el trono de Tu gloria, para despertar Tu amor por nosotros. Que nuestras almas se eleven, Te den placer y encuentren favor delante de Ti. Que Tú te regocijes en nuestras almas y que Tu unidad se revele a través de nosotros - la unidad del Santo, Bendito sea y de la Presencia Inmanente. Que nuestras almas se renueven y renazcan. Entonces el Tzadik hará descender nuevas enseñanzas de Torá; y nos serán revelados los secretos de la Torá - la Torá del Anciano Oculto. Con ello el Tzadik reparará nuestras almas, perfeccionando la Carroza Superior y la Carroza Inferior.

Podamos ayudarnos y apoyarnos mutuamente

Que el amor y la armonía reinen entre nosotros constantemente, hasta que lleguemos a estar unidos, inspirándonos los unos a los otros. Que nos hagamos recordar la necesidad de volver hacia Ti con sinceridad, de quebrar todos nuestros rasgos negativos y deseos y adquirir buenas cualidades haciendo lo que es correcto a Tus ojos, todos los días de nuestras vidas.

Si algún judío tiene una deficiencia de la clase que fuere, así sea por no llevar a cabo algún atributo positivo o por no trabajar sobre uno negativo, que un amigo pueda hacérselo saber y darle aliento para permitirle reparar todo en su vida. Que podamos retornar hacia Ti en perfecta teshuvá y reparar todo el daño que hemos hecho desde nuestros primeros días hasta hoy. Ayúdanos, desde ahora en adelante, a alcanzar el bien que Tú deseas para nosotros. No permitas que nos alejemos de lo que Tú deseas, ni a la derecha ni a la izquierda. Cuídanos con un cuidado perfecto.

HaShem, Señor del Universo: Inclina Tu oído y oye, abre Tus ojos y mira nuestra devastación. No cierres Tus ojos a nosotros. Dios misericordioso: apiádate de nosotros y cuídanos con un ojo de tierna misericordia y gracia, un solo ojo de amor, un ojo abierto que nunca duerme. Colócanos bajo Tu perfecta Providencia y que Tu visión se pose sobre nosotros a través de Tu santa Torá, la que Tú has irradiado hacia nosotros a través de los verdaderos Tzadikim. Que estemos cerca de Tu sagrado y vigilante ojo, hasta que podamos ser el foco de Tu visión y quedar unidos a Ti.

Haz descender sobre nosotros, con misericordia, una *hashgajá* completa, en todo momento y envíanos un flujo de bondad, de bendiciones, de santidad y de pureza. Contempla nuestra pobre condición y cómo nos estamos debatiendo. Mira las presiones bajo las cuales nos encontramos, física y espiritualmente. Ten piedad del pueblo judío. Dispersos estamos como un rebaño sin pastor. Haz retornar a nuestros exilados de los cuatro rincones de la tierra. Redímenos rápidamente y envíanos a nuestro recto Mashíaj. Porque el exilio del cuerpo y del alma se ha prolongado demasiado, al punto en que "se ha debilitado el poder de aguantarlo", como Tú sabes, HaShem.

Muéstranos amor y piedad. Haz brillar sobre nosotros Tu misericordia. Tráenos a nuestro recto Mashíaj, rápidamente y construye el Santo Templo pronto y en nuestros días. "En cuanto a mí, en Tu abundante misericordia vendré a Tu Casa. Me inclinaré hacia el palacio de Tu santidad, con temor". Que las palabras de mi boca y la meditación mi corazón encuentren favor delante de Ti, HaShem mi Roca y mi Redentor.

14

*Humildad / Quebrando el orgullo y
la arrogancia / Estudio de la Torá
/ Luchando contra el Ietzer HaRa
/ Teshuvá: Limpiarse del pecado /
Llevando a los demás a la Teshuvá /
Armonía marital / Tzitzit / La gloria de
Dios / Temor / Paz interior / Curación /
Paz entre los judíos / Paz en el mundo /
Jánuca*

Para que reine la paz universal la gloria de Dios le debe ser revelada al mundo y todos deben temer a Dios.

La manera de influir sobre la gente para que se acerque a Dios es mediante *Torat Jesed* - la "Torá de Amor". Esto significa estudiar Torá con la intención de enseñarla a los demás y de forjar una conexión con ellos en la situación en la cual se encuentren. La Torá, que es llamada el "Pensamiento Primordial" de Dios, es el plano de la Creación como un todo y la fuente de las almas del pueblo judío. Al estudiar Torá, debemos hacerlo con el objetivo de llevar iluminación a las raíces mismas de las almas, que derivan de las letras de la Torá. Una consecuencia importante de estudiar Torá con este objetivo es que ello le trae bendiciones a las almas de nuestros hijos.

La verdadera comprensión de la Torá sólo se logra a través de la humildad. Uno debe por lo tanto liberarse de todo orgullo. Hay tres áreas en las cuales la gente suele ser propensa al orgullo: la inteligencia, la fuerza y la riqueza.

Mediante la comprensión de la Torá que se logra cultivando la humildad uno se vuelve capaz de influir sobre los demás llevándolos a arrepentirse y acercarse a Dios. El arrepentimiento puede ser un proceso doloroso pues los pecados de la persona hacen que su alma esté cubierta de "vestimentas sucias" (Zacarías 3:4) las cuales tienen que ser retiradas. Sin embargo, no hay nada que realce más la gloria de Dios como cuando aquellos que están muy lejos se arrepienten y se acercan a Él. Esta elevación de la gloria de Dios lleva a la gente hacia el temor. Éste es el primer paso hacia la paz universal, dado que la paz sólo puede llegar al mundo a través de las plegarias y la plegaria perfecta depende del temor a Dios. Es a través del temor a Dios que podemos conquistar nuestras pasiones corporales alcanzando así la paz interior. Sólo con la paz interior y la armonía es posible ofrecer una plegaria perfecta, dado que la plegaria es como una ofrenda de sacrificio, que no debe tener imperfección alguna.

Debemos orar por todo lo que necesitamos en la vida. En lugar de dedicar nuestros esfuerzos a los medios materiales para alcanzar lo que necesitamos, debemos tener fe en que "Dios es bueno para todos" (Salmos 145:9). Las palabras hebreas también pueden traducirse como "Dios es bueno para todas las cosas" - significando que Dios tiene el poder de darnos todo lo que necesitamos con un mínimo de esfuerzo de nuestra parte. Las palabras sagradas de las plegarias tienen el poder de superar el conflicto y así traer la paz universal.

La lámpara de Jánuca es un símbolo de la luz de la Torá de Amor, que irradia incluso hacia aquellos que están muy lejos. Es por ello que el lugar más adecuado para colocar la lámpara de Jánuca es al lado de la puerta de calle de nuestros hogares, donde brilla para que todos la puedan ver.

Dios nuestro y Dios de nuestros padres:

Sea Tu voluntad eliminar completamente el orgullo en mí. Que ni el mínimo atisbo de orgullo ni arrogancia entre en mi corazón. Llévame a comprender genuinamente mi propia bajeza y anularme al punto en que pueda verme a mí mismo como menos de lo que realmente soy.

Por favor, HaShem, Dios misericordioso: Ayúdame a no extraviarme tras los pensamientos tontos y engañosos de orgullo y arrogancia. Mi situación ya es mala de por sí. Estoy bajo tanta presión. Me siento tan lejos de Ti. Mi dolor interior ha crecido hasta volverse insoportable. He estado sufriendo desde hace tanto tiempo. Busco a mi alrededor y no tengo a nadie que me ayude ni sustente. Me siento desolado. Mi única esperanza es clamar a Ti constantemente y esperar que Te apiades de mí y me ayudes. Pues si me dejase llevar por pensamientos tontos de orgullo y arrogancia no habría esperanza alguna para mí, Dios no lo permita. ¿Qué mérito personal tengo como para apoyarme en ello? He sido tan tonto durante toda mi vida. Carezco de todo bien. He pecado y transgredido con mis pensamientos, palabras y acciones, de manera intencional y no intencional, incluso desde mis primeros días.

Por favor, HaShem, ten piedad de mi alma. ¡Ayúdame! ¡Ayúdame! ¡Sálvame! ¡Sálvame! No sé qué es lo que debo pedir primero. Tengo tantas necesidades pero no soy lo suficientemente paciente como para enumerarlas a todas en detalle. Me es imposible explicar todas las innumerables cosas que necesito pedirte. He caído muy bajo. No puedo comenzar siquiera a evaluar cuánto daño le he hecho a mi alma ni cómo he degradado mi propia santidad. No tengo respiro de las fuerzas que me atacan. Los malos pensamientos y sentimientos acechan para atraparme, constantemente. Corren detrás de mí, a cada momento de cada día. Mis pecados han desgastado mi fuerza y no tengo idea de qué debo hacer para resistirlos.

Por favor, HaShem: Muéstrame cómo clamar a Ti. Enséñame cómo rogarte con todo mi corazón, para tener éxito en mis pedidos y persuadirte que me hagas retornar a Ti en perfecta teshuvá y alcanzar todo lo que Tú quieres para mí. Que nunca me aleje de Tu voluntad ni de Tus mitzvot. Ayúdame a quebrar todo orgullo y arrogancia, por completo y eliminarlos totalmente de mi vida. Que nunca caiga ante el mínimo atisbo de orgullo por algunas de las cosas sobre las cuales la gente suele sentirse orgullosa - la sabiduría y las buenas acciones, la riqueza o el poder. Que sea genuinamente humilde y modesto con todo lo que poseo y pueda vaciarme de toda arrogancia.

¿No sé acaso que estoy vacío y falto en todas esas áreas, "pues soy un animal y no un hombre, y no tengo comprensión humana"? No tengo fortaleza ni poder físico, mental o espiritual. Mi casa está vacía de riquezas. No tengo sabiduría ni fuerza, carezco de riqueza material y de la riqueza espiritual de las buenas acciones.

Considerando mi lamentable y bajo nivel y cuán alejado estoy de Ti, realmente no debería estar orando para verme libre de la arrogancia, en absoluto. Pero Tú conoces el mal en nuestros corazones y las extrañas ideas que dejamos entrar en nuestras mentes. Pese a estar tan lejos de Ti, aún me dejo llevar por ridículas ideas sobre mi propia importancia. Al punto en que se ha vuelto una guerra en cada frente. El orgullo y la arrogancia atacan por todas partes impidiéndome volverme hacia Ti, como Tú sabes, HaShem, mi Dios y Dios de mis padres.

Incluso así, vivo con la constante esperanza de que Tú me ayudes. Yo sé que Tu amor no tiene límites. Tú examinas las profundidades más hondas del corazón y conoces nuestros secretos más ocultos. Tú sabes que profundamente dentro de mi corazón anhelo verdaderamente estar cerca de Ti y llevar a cabo genuinamente Tu voluntad, sin ningún falso motivo. En aras de Ti, apiádate de mí, Padre celestial, Señor de Todo. Otórgame el que pueda ser capaz de eliminar todo orgullo y llegar a la verdadera humildad.

Que pueda actuar con humildad al tratar con la gente - con los grandes, con la gente común e incluso con los pequeños y los más pequeños de los pequeños. El hecho es que mis muchos pecados me han vuelto más insignificante aún que el más pequeño de los pequeños. Haz que pueda conocer y sentir mi propia bajeza en cada miembro de mi cuerpo, hasta llegar a verme como más pequeño incluso de lo que realmente soy y alcanzar así el nivel final de la verdadera sumisión.

Por favor, HaShem, yo sé que mis palabras son pobres y confusas. No tengo idea de cómo ordenar mis plegarias delante de Ti. Aun así, me apoyo en el hecho de que Tú oyes todas las plegarias. Dios bueno y bondadoso, apiádate de mí y ayúdame a vivir de la manera en que Tú quieres que viva, desde ahora y para siempre y llévame a alcanzar la verdadera humildad.

Estudio de la Torá

Y también, HaShem, Dios nuestro y Dios de nuestros padres, ayúdame a trabajar en Tu santa Torá constantemente, día y noche, en santidad y pureza. Que mi estudio de Torá despierte las raíces mismas de las almas de Israel, que surgen del Pensamiento Primordial de Dios. Todas las almas judías están enraizadas en las letras de la santa Torá. HaShem, que mi trabajo con la Torá brille al punto en que mi estudio de Torá despierte las raíces de las almas de Israel hasta que ellas irradien la una a la otra, y que incluso las almas de los malvados y de los pecadores brillen, inspirándolos a arrepentirse y a retornar a Ti. Mediante el brillo de las almas, crea y haz nacer las almas de los prosélitos y que aquellos que están lejos vuelvan y se conviertan. Que puedan reconocer el poder de Tu reinado, hasta que el mundo entero Te sirva genuinamente.

Es posible que esté muy abajo y muy lejos de ese estudio de Torá cuya santidad pueda despertar las almas de los demás y llevarlos al arrepentimiento. Incluso así, Dios bondadoso, apiádate de mí y ayúdame a estudiar Torá de manera que pueda unirme con el alma del verdadero Tzadik de esta generación, quien sí estudia la Torá con ese grado de santidad. Que las enseñanzas de Torá del Tzadik me inspiren al punto en que mi alma pueda irradiar hacia su misma raíz en el Pensamiento Primordial del Santo, bendito sea, junto con las otras almas santas de los hijos de Israel, Tu pueblo. Haz brillar la luz sobre mí, desde la raíz de mi alma, hasta que pueda retornar a Ti en genuina teshuvá.

Teshuvá

Por favor, HaShem: ¡Estoy tan dolorido! ¡Redímeme! Ten piedad de mi pobre y herida alma, que ha sido atrapada y aplastada como si estuviese entre los dientes de un león. Estoy lleno de pecados. Lejos estoy de Ti, de todas las maneras posibles. ¿Cuándo podré meditar sobre mi destino y preparar provisiones para mi viaje, como los judíos piadosos y temerosos de Dios, quienes se han ido antes que yo, en las generaciones anteriores? ¿Qué haré en el día del juicio? ¿Adonde llevaré mi gran vergüenza? ¿Cómo me esconderé? ¿Qué haré cuando Dios se levante? ¿Qué le responderé cuando Él haga recordar mis actos?

Tú ya nos has informado a través de Tus santos Sabios que en el Mundo que Viene no dejas nada de lado. Tú le pagas a cada persona de acuerdo a sus maneras y a los frutos de sus acciones. Tu amor y perdón son principalmente para la gente que se arrepiente genuinamente en este mundo. Tú le perdonas todos sus pecados, aunque mucho se haya rebelado contra Ti. Tú le has hecho conocer esto a tu siervo Moshé, como está escrito: "Y Él limpiará - no limpiará". Nuestros Sabios explican esto diciendo: "'Él limpiará' - a aquellos que se arrepienten; y 'no limpiará' - a aquellos que no se arrepienten".

Por lo tanto me postro y me inclino delante del brillo de Tu santidad. Dios bueno y misericordioso, Quien es bueno para con los malvados y para con los rectos, que espera al pecador, anhelando que sea perdonado: apiádate de mí y ayúdame a completar la teshuvá en este mundo. Que pueda reparar, antes dejar este mundo, todo el daño que he hecho. Ayúdame, de ahora en adelante, a abandonar mis malos caminos y líbrame de los pensamientos malvados y confusos que me retienen lejos de la senda de la justicia y de la bondad. Pueda eliminar los pensamientos que me hacen actuar mal y alejarme de Ti. Límpiame y ayúdame a purificar y a santificar mi mente. Pueda unir mis pensamientos a Ti, verdaderamente y con sinceridad, desde ahora y para siempre.

Por favor, HaShem, apiádate de mi alma. Ordena que sean retiradas todas las vestimentas sucias con las cuales he cubierto mi alma debido a mis muchos pecados. Esas vestimentas sucias creadas por mis pecados son los obstáculos más grandes para mi arrepentimiento, impidiéndome seguir Tus senderos de bondad y de santidad. HaShem, Tú conoces la tremenda lucha que es para mí el tratar de liberarme de esas vestimentas. "Se ha debilitado el poder de aguantarlo". No puedo soportar la amarga lucha que debo sufrir para quebrar los muros de hierro que me separan de la santidad. He pecado tanto que esas vestimentas sucias se han multiplicado. Tú solo sabes cuán lejos estoy de Ti como resultado de todo ello.

Despierta Tu amor y compasión por mí y Ten misericordia de mi *nefesh*, mi *rúaj* y mi *neshamá*. Ordena a Tus santos ángeles que retiren esas vestimentas sucias y me vistan con vestimentas de esplendor, para eliminar así todos los obstáculos y barreras de hierro que me impiden santificarme, haciendo imposible el que pueda llevar a cabo alguna tarea sagrada de la manera apropiada. Levanta todas esas barreras y obstáculos. Que pueda arrepentirme con sinceridad y ser, de ahora en adelante, una persona que genuinamente "se aleja del mal" y que sólo hace aquello que es bueno a Tus ojos.

Santificando las relaciones maritales e hijos temerosos de Dios

Dios misericordioso, ayúdame a santificarme genuinamente en mis relaciones maritales en aras de Tu gran Nombre. Podamos traer almas puras y santas para nuestros hijos - almas claras y radiantes provenientes de las raíces de las almas del santo pueblo judío, que yacen en las letras de la santa Torá y que provienen del Pensamiento Superior del Santo, bendito sea. Otorga el que nuestros hijos puedan ser verdaderos estudiosos de Torá y que todos ellos lleguen a ser temerosos de Dios y desarrollen plenamente todos los rasgos buenos. Que puedan trabajar en Tu Torá por la Torá misma y cumplir con Tus mandamientos sinceramente y de todo corazón. Que Tu gran Nombre sea alabado y santificado a través de nuestros hijos y descendientes y que se pueda decir de ellos que "el hijo sabio alegra a su padre", de modo que "tu padre y tu madre estarán contentos y se regocijará quien te dio a luz". Otórgales largos días y años de bondad y satisfacción y que ellos hagan Tu voluntad todos los días, por siempre.

La Mitzvá de los Tzitzit

Por favor, HaShem, ten misericordia y apiádate de mí. Cumple con mis pedidos con amor y perdóname por todos mis pecados. Ordena que todas mis vestimentas sucias sean retiradas y vísteme con vestimentas limpias, puras y santas. Ayúdame a cumplir con la mitzvá de los Tzitzit de la manera apropiada, de la mejor manera posible. Así como me cubro con el *talet* en este mundo, de la misma manera pueda cubrir mi *nefesh*, mi *rúaj* y mi *neshamá* arriba, con un hermoso *talet* y con la vestimenta de los Sabios. Cúbrelos con vestimentas limpias y blancas y cumple en mí el versículo que dice: "en todo momento tus vestimentas serán blancas y no faltará el aceite para tu cabeza".

La Gloria de Dios

Levántate y ayúdame. Pon en mi corazón el tomar la causa de Tu grande y santo honor y el de mi propio *nefesh, rúaj* y *neshamá*. Muy bajo hemos caído debido a nuestros muchos pecados, pues desdeñamos Tu honor y hemos despreciado nuestras propias almas. Hemos sido despojados de nuestro honor en este humillante exilio. "Nuestro honor ha caído entre las naciones y ellas nos aborrecen como a la impureza menstrual". Mira cuán bajo ha quedado el pueblo judío, tanto colectivamente como de manera individual.

Rescata la causa de Tu grande y santa gloria. Fue por Tu gloria que Tú creaste todos los mundos, para que Tu gloria sea magnificada y exaltada a través de Tu pueblo, como está escrito, "Todo lo que es llamado en Mi Nombre, por Mi gloria lo he creado, lo he formado y lo he hecho". ¿Por qué, en su lugar, todo el honor ha ido a los extraños? ¿Por qué el honor le ha sido quitado a Israel y ha caído en el exilio entre los pueblos malvados e idólatras? Ellos tienen toda la gloria, mientras que Tu pueblo Israel es despreciado y está sujeto a un constante abuso y desprecio.

Ten piedad de nosotros en aras de Ti y en aras de Tu gloria. Envíanos ayuda desde Tus santas alturas. Inspírame, desde ahora y en adelante, a servirte y reverenciarte sinceramente, con todo mi corazón. Pueda arrepentirme y seguir el sendero de la perfecta teshuvá. Podamos adornarnos, yo y los demás, con las buenas acciones y con los buenos rasgos de carácter. Ayúdame a hablarles a los corazones de la gente, a mostrarles la verdad y hacer que retornen en perfecta teshuvá delante de Ti, para que Tu grande y santa gloria sea magnificada y elevada a través de mí.

Tu gloria se revela plenamente cuando la gente que está lejos se acerca genuinamente a Ti: entonces "el Nombre del Santo, bendito sea, es exaltado y glorificado arriba y abajo". Por lo tanto ten piedad de mí y acercarme a Ti, pese a estar tan lejos. Multiplica mi mérito dejándome ser un instrumento para ayudar a los demás que también están lejos y llevarlos a acercarse a Ti. Magnifica y santifica Tu gran gloria haciendo que esto se lleve a cabo a través de mí, distante y lejano como estoy. Susténtame, dame fuerzas y ayúdame a restaurar Tu gloria después de la humillación del exilio.

Ayúdame a hacer todo lo que pueda para aumentar Tu gloria en todo momento y elevarla hacia su fuente en el Temor. Inspírame con el santo temor a Dios. Que siempre sienta temor a Ti y reverencie Tu glorioso y tremendo Nombre. Ayúdame a perfeccionar el temor al Cielo - el temor a Tu soberanía. Pueda acordarle honor a la gente realmente temerosa de Dios. Que sea amable con ella y la trate con un respeto sincero y de todo corazón. Si hasta ahora he carecido de un genuino temor, pueda ahora repararlo y alcanzar un completo temor al Cielo, para cumplir con el versículo: "Teman a HaShem, Sus santos, pues nada les falta a aquellos que Lo temen". Que pueda así alcanzar la perfecta paz interior y la armonía. Cúrame espiritual y físicamente. Permite que sea pleno y completo sin ningún defecto ni imperfección.

Plegaria

Señor del Mundo, yo sé que aún estoy lejos de la perfección. Estoy lleno de toda clase de fallas y deficiencias, desde la planta de mis pies hasta la cima de mi cabeza. No hay lugar sano en mí. "No hay un lugar sano en mi carne debido a Tu ira, no hay paz en mis huesos debido a mi pecado". Mis miembros están sufriendo por las heridas que le he infligido a mi alma a través de mis muchos pecados y transgresiones. Como resultado de ello lejos estoy de Tu servicio. Nada de lo que hago carece de defectos. Nunca logro orar de la manera apropiada y sin errores, pues "todo aquello que tenga una falla no podrá ser llevado como ofrenda". Pero si estoy lejos de la verdadera plegaria, ¿qué medios tengo para acercarme a Ti?

Padre en el Cielo, Señor del Mundo Entero: Yo sé que pese a todo esto Tú *sí oyes* el sonido de mi clamor incluso desde esta lejana distancia, por lo cual elevo mi voz y clamó a Ti. ¡Padre! ¡Padre! ¡Señor! ¡Señor! Mi Rey y mi Dios: ¡Te ruego! ¡Clamo a Ti! ¡Te pido! ¡Te suplico! ¡Me inclino delante de Ti! ¡Doblo mi rodilla ante Ti y extiendo mis manos! ¡Ten piedad de mí! ¡Ten misericordia de mí! Despierta Tu compasión por mí. Cuídame desde Tu santa morada. Protégeme. Cura el dolor de mi alma. Retira todas las heridas que le he causado a cada miembro de mi alma.

Tu manera es utilizar los recipientes quebrados. Las maravillas que haces son innumerables e incomprensibles. En Tu tremenda misericordia revives a los muertos. En Tu poder elevas y recoges los trozos de los recipientes quebrados -los trozos de los trozos- y con misericordia los reparas y restauras hasta que brillan con una fuerza mayor a la que tenían. Ni una sola chispa se pierde ni es dejada de lado, pues "En Tu mano está la fuerza y el poder; y está en Tu mano el hacer todo grande y fuerte".

Dios, Tú curas de manera gratuita. Despierta Tu amor por mí y cúrame. Elimina todas las fallas y daños de mi cuerpo, de mi *nefesh*, mi *rúaj* y mi *neshamá*. Envía una completa curación a todos aquellos judíos que están enfermos y en particular a … [especificar el nombre de la persona enferma]. Médico fiel y misericordioso, quien cura al quebrantado de corazón y venda sus heridas: "Cúrame, HaShem y seré curado, sálvame y seré salvado, pues Tú eres mi alabanza". Que esté pleno y perfecto, libre de toda falla y daño.

Otórgame la paz interior y dame el control y la maestría sobre mi cuerpo, para que pueda anular todos los deseos corporales y los malos rasgos. Que mi cuerpo esté completamente subordinado a mi alma y que no tenga más voluntad y deseo que seguir el anhelo del alma santa, que es hacer Tu voluntad. Que la paz reine entre mi alma y mi cuerpo. Que mi cuerpo sea santificado y purificado hasta unirse con el alma sagrada, y pueda yo llevar a cabo todos Tus preceptos y hacer todo lo que Tú quieres de mí, en cuerpo y alma, voluntariamente y con gran alegría. Que mi cuerpo y mi alma se unan en amor y paz para hacer Tu voluntad con sinceridad, hasta que alcance la completa armonía interior y esté listo para ordenar mi plegaria delante de Ti a la perfección. Que mis plegarias se eleven delante de Ti como el incienso y los sacrificios perfectos ofrecidos por aquellos que están plenos y perfectos.

Señor del Mundo, que mi único motivo al tomar parte en los asuntos de este mundo sea en aras de mi alma. Que mi sola intención en todas mis plegarias sea sólo el perfeccionar mi alma. Incluso cuando ofrezca las plegarias establecidas por Tus sabios de antaño, de bendita memoria, que contienen pedidos explícitos para nuestras necesidades corporales, como en las bendiciones de "Cúranos" y "Bendice este año para nosotros" en la plegaria de *Shmone Esere*, que mi solo pensamiento sea la curación de mi alma, su sustento y perfección. Que pueda creer y saber que cuando todo está en orden en el ámbito espiritual, el orden del ámbito material seguirá de por sí, que automáticamente recibiré todas las bendiciones materiales que necesite.

Haz que sea digno de tener verdadera fe en Ti. Que tenga una fe completa en que Tú eres "bueno para todo" y que no importa lo que la persona requiera, así sea salud, sustento o alguna otra cosa, Tú eres "bueno para todas las cosas". Tú puedes satisfacer todas sus necesidades y requerimientos si ella Te ora de manera sincera, pidiendo lo que necesite y rogando compasión. Que todos mis esfuerzos sólo estén dirigidos hacia Ti, HaShem. No importa lo que necesite, que sólo Te ore a Ti y Te ruegue que me ayudes, en lugar de tratar de obtener lo que necesito recurriendo a estrategias materiales.

¿De qué sirve malgastar fuerzas en tales cosas, cuando es imposible o extremadamente difícil obtener exactamente lo que necesitamos - así sea la medicina adecuada o lo que necesitemos para ganarnos el sustento? De seguro que es mejor volverse a Ti para todas nuestras necesidades. Tú estás muy cerca de nosotros y accesible en todo momento, "Pues ¿qué gran nación hay cuyo Dios esté tan cerca de ella como HaShem, nuestro Dios, lo está cerca de nosotros, cada vez que Lo llamamos?". Tú tienes el poder de cumplir con todos nuestros pedidos a través de medios fácilmente accesibles. Nada es demasiado maravilloso para Ti.

Por lo tanto, podamos dedicar todos nuestros esfuerzos a la plegaria constante y a las súplicas. Que siempre oremos con una intensa concentración, hasta traer la paz a todos los mundos, con lo que alcanzarán la perfección. Que la paz reine entre todas Tus criaturas. Que todas se amen entre sí. Esto hará que Tu amor, bondad y misericordia desciendan sobre todas Tus criaturas, dado que, como enseñaron nuestros Sabios, "Todo aquél que muestra amor por las criaturas de Dios se le demuestra amor desde el Cielo". Que podamos ver el cumplimiento del versículo: "HaShem es bueno para todo y Su amor está sobre todas Sus obras".

Señor del Mundo: Si mis palabras son pobres, abre Tu boca y ayúdame a ordenar mis plegarias y pedidos de la manera adecuada y a ofrecerlos con verdad y sinceridad, en todo momento. Que siempre pueda expresar todo lo que necesito decirte. Ayúdame a explicar todo lo que tengo en el corazón, para despertar Tu amor y bondad y para que Tú me otorgues siempre mis pedidos.

Por favor, HaShem, pueda alcanzar todo lo que Te he pedido. Que mediante el poder y el mérito del trabajo en la Torá de los verdaderos Tzadikim, una gran luz brille sobre nosotros desde la fuente de nuestras almas, inspirándonos al arrepentimiento por todos nuestros pecados, para que podamos elevar la gloria santa desde este profundo y humillante exilio entre las *klipot*. Que Tu grande y exaltada gloria sea siempre magnificada, santificada, exaltada y elevada a través de nosotros. Haz que Tu gloria se revele en el mundo entero. Que Tu gloria brille sobre toda la tierra, como está escrito: "Y la tierra brillará con Su gloria". "Y la gloria de Dios será revelada y toda carne verá que la boca de Dios ha hablado".

Temor al Cielo

Podamos elevar Tu gloria hacia su raíz en el Temor y rectificar todas sus imperfecciones. Llévanos hacia un perfecto Temor del glorioso y tremendo Nombre de HaShem, para obtener así el Temor Superior - el temor a Tu exaltada grandeza. Que no temamos a ninguna de las cosas del mundo. Que sólo tengamos temor a Ti y que Tu temor esté sobre nuestros rostros para que no pequemos de manera alguna, desde ahora y para siempre.

Con este temor otórganos paz. Que la paz reine en nosotros. Que nuestros cuerpos estén subordinados a nuestras almas y unidos a ellas para hacer Tu voluntad en todo momento. Llévanos hacia la plegaria perfecta y oye nuestras plegarias constantemente. Dios misericordioso, haz que la paz reine entre las Huestes Celestiales y entre las huestes de los ámbitos inferiores. Elimina toda disputa del mundo. HaShem, Tú solo sabes cuánto daño produce la controversia que reina entre nosotros hoy en día y en particular los terribles conflictos entre los Tzadikim y las personas piadosas de esta generación. Todos los corazones están alejados de sus compañeros.

Dios misericordioso: Ten piedad de nosotros y revela la verdad en el mundo. Que la paz reine en Tu pueblo Israel, por siempre. Envía bendiciones de paz a todos los mundos y que la paz descienda a este mundo material para que todas las criaturas sobre la tierra puedan amarse unas a las otras y una gran paz reine entre todas ellas.

Jánuca

Ayúdame a llevar a cabo la mitzvá del encendido de la lámpara de Jánuca en su momento apropiado, de la mejor manera posible, en santidad y pureza y con gran devoción. Que mediante la mitzvá de la lámpara de Jánuca pueda rectificar todo lo que he mencionado en mi plegaria. Considera mi cumplimiento de esta mitzvá como si la hubiese llevado a cabo con todos sus detalles y puntos finos e intenciones, junto con todas las seiscientas trece mitzvot que están unidas a ella. Que la luz de la santidad de nuestras mitzvot brille delante de Ti en todos los mundos. Que podamos reparar todos los mundos a través del cumplimiento de esta mitzvá, junto con todos los preceptos establecidos en la Torá y por los Sabios. Ayúdanos a llevarlos a cabo, a todos ellos, de una manera perfecta, en amor, temor y una gran alegría, hasta que podamos llevar la paz Divina hacia todos los mundos y "HaShem le dará poder a Su pueblo, HaShem bendecirá a Su Pueblo con paz".

El que hace la paz en Sus alturas, con misericordia haga paz para nosotros y para todo Israel y digan Amén.

15

Temor a Dios / Libertad de los temores mundanos / Autoexamen / Calma y claridad / Superando la confusión mental / Hitbodedut / Estudio de la Torá / Concentración / Plegaria / Secretos de la Torá / Conocimiento y conciencia de Dios

L a persona que desee tener una percepción de la "luz oculta" -de los secretos de la Torá que serán revelados en el futuro- deberá primero liberarse de todos los temores excepto del temor a Dios. No sólo debemos temer a Dios debido a Su poder para castigarnos. También tenemos que buscar un nivel superior del temor, en el cual sentimos el temor a Dios debido a Su suprema grandeza.

Este temor se logra a través de un sendero de constante autoexamen y de juzgarse a uno mismo. Tenemos que establecer tiempos especiales para la introspección y evaluar todas nuestras actividades y comportamientos en relación al parámetro de la Torá. Aquellos que se niegan a juzgarse a sí mismos son juzgados por el Cielo y pueden recibir toda clase de temores mundanos y de preocupaciones con el fin de encarrilarlos y corregirlos. Pero cuando la persona se juzga a sí misma se elimina la necesidad de tal acción por parte del Cielo, pues la persona misma ha tomado la iniciativa de acercarse a Dios. Se vuelve así libre de los temores mundanos y se encuentra con el verdadero temor a la grandeza de Dios.

Aquel que alcanza ese nivel de conciencia es capaz de lograr la comprensión de la Torá revelada, algo que requiere humildad. Mediante la humildad se llega a la plegaria verdadera: en lugar de orar por las propias necesidades uno se eleva por sobre los intereses materiales, sometiéndose a Dios. Dios en Sí Mismo se encuentra más allá de toda posibilidad de conocimiento pero las palabras de las plegarias, que están tejidas a partir de los Nombres y atributos Divinos son "filtros" dados por Dios a través de los cuales podemos percibir Su luz. Cuando la persona ora con total entrega, Dios le permite un atisbo de los secretos de la Torá que serán revelados en el futuro.

HaShem, Dios nuestro y Dios de nuestros padres. Dios grande, poderoso y tremendo, cuyo temor está sobre todos los habitantes del Cielo, sobre todo los Serafim, los Ofanim y las santas Jaiot, y sobre todos los mundos y todas las criaturas arriba y abajo... Todos temblarán en temor a Tu Nombre.

Dios misericordioso: Ten piedad de mí, triste y patética criatura. Llévame al santo temor a Ti, en todo momento y que el temor a Dios esté sobre mi rostro para que no peque. Que pueda sentir el temor a Ti en todos mis miembros.

Juzgarse a sí mismo

Por favor, HaShem, Dios amoroso y misericordioso: No permitas que pierda mi recompensa eterna. No dejes que todos mis esfuerzos sean como nada y no den frutos. Ayúdame a examinarme constantemente y a reflexionar cuidadosamente sobre lo que estoy haciendo en este mundo fugaz. Pueda meditar sobre mi sendero en la vida. Pueda evaluar todo lo que hago cada día y a cada momento. Que siempre me pregunte si me estoy comportando como debiera o no para, de esa manera, tomar conciencia y arrepentirme de mis malos pensamientos y acciones. Que genuinamente "me aleje del mal" en pensamiento, palabra y acción y sólo haga aquello que es bueno a Tus ojos, en todo momento.

Por favor, HaShem, ten misericordia de mí. Apiádate de mí. Mira cuán bajo he caído. Me encuentro en una terrible situación - peor que alguien a la deriva en el mar y ubicado en el más peligroso de los lugares de la nave. No tengo idea de hacia dónde correr... Hacia dónde volar... Para tratar de escapar de mi tormento interior. No tengo idea de cómo orar a Ti. Hace años que estoy clamando para despertar Tu amor y misericordia y liberarme de mis malos pensamientos y acciones, para llevarme desde la oscuridad hacia la bondad y la luz. Tú nos has enseñado a través de Tus verdaderos Tzadikim que la plegaria ayuda en todo. La plegaria es la base de toda verdadera cercanía a Ti. Tú oyes todas las plegarias, no importa de quiénes sean. Incluso oyes el clamor proveniente desde el vientre del infierno y desde las más bajas profundidades. Entonces, ¿por qué no les prestarías atención a las palabras de Tu siervo, que ha estado de pie y clamando a Ti durante tanto tiempo?

No sólo he fracasado en mejorar mi comportamiento. Cada día mi estado espiritual es peor que el del día anterior. Simplemente no sé qué método utilizar para atraer el poder sagrado hacia mí y así luchar y conquistar mi mala inclinación y quebrar y anular mis deseos. Sólo hay una sola manera de escapar de mis pasiones y salvar mi alma del infierno - mediante las plegarias y las súplicas, clamando y rogando. Pero incluso esto lo encuentro imposible. ¿Cómo puede alguien como yo, perseguido, golpeado y maniatado llegar a la verdadera plegaria? No tengo más opción que clamar y orar como mejor pueda. Pero si esto no ayuda, Dios no lo permita, no se qué debo hacer para escapar.

Señor del Mundo, conozco la verdad: yo mismo soy el culpable. "El pecado es mío, Señor" - porque no trato de luchar contra mis deseos ni siquiera por un instante. Por el contrario, los aliento. No sólo no he hecho esfuerzo alguno para frenar mis deseos y eliminarlos. He corrido tras ellos activamente. Dios ayúdame a dejar de hacer esto, de ahora en adelante. Pero ya antes Te he pedido que me ayudes con esto. Te he rogado que tengas misericordia y me salves de mí mismo. Haz que deje de ser tan cruel con mi pobre alma. Que tenga piedad de mí. Nadie es más patético que aquel que se encuentra lejos de Ti y aun así es incapaz de acercarse. Esto Tú lo sabes muy bien, HaShem, mi Dios, quien cura a los enfermos, que libera a los esclavos, sustenta a aquellos que han caído y que oye el clamor del pobre. ¡Ten piedad de mí! ¡No me abandones! ¡No me alejes de Ti! Mira cuán bajo he caído. Mira mi amarga situación.

Pero yo sé que mi Redentor está vivo y que desde lejos Tú estás planeando beneficiarme al final y liberarme de mi exilio. ¡Respóndeme, HaShem, respóndeme! ¡Ayúdame, ayúdame! ¡Sálvame, sálvame! Ten compasión y sálvame de la destrucción. Ayúdame a arrepentirme con sinceridad y llegar a una perfecta teshuvá. Que pueda andar en la senda de Tus estatutos y observar Tus leyes.

Calma y Concentración

Ayúdame a juzgarme a mí mismo. Ayúdame a alcanzar un estado de calma concentración, todos los días, para que pueda examinarme con cuidado y sopesar mis actividades y tareas. Que pueda decidir si es correcto pasar mis días de la manera en que lo hago, Dios no lo permita. Ayúdame a mantener la concentración el tiempo suficiente como para poder examinarme con calma, sin permitir que mis pensamientos se extravíen o me impidan contemplar aquello que debo enfrentar. Pueda seguir esta práctica de autoexamen con calma y persistentemente,

246 / El Portal de la Plegaria

con diligencia, hasta desarrollar los poderes más intensos de concentración. Pueda entonces utilizarlos para alejarme de todos los pensamientos y acciones malignos, sin dudar ni por un momento. Pueda arrepentirme completamente y llegar a hacer sólo el bien.

Llévame hacia un perfecto temor al Cielo, para que pueda "temer ese glorioso y tremendo Nombre - HaShem nuestro Dios". Que mi temor a Dios sea puro y limpio, sin mezcla alguna de temores externos. Que sólo tema a Dios. Trata conmigo con bondad y endulza y anula todos los decretos severos en mi contra, en contra de mis hijos y descendientes y de todo el pueblo judío. No me juzgues de acuerdo a mis acciones. No me lleves a juicio - pues ningún ser vivo puede ser justificado delante de Ti. Dios misericordioso: Decreta que toda posible acusación en mi contra sea nula y vacía, para eliminar todos los juicios severos en mi contra, Dios no lo permita. Ayúdame a examinarme y a juzgarme en todo momento, para que yo mismo tome la iniciativa de arrepentirme genuinamente, hasta que finalmente pueda llegar a vivir y a actuar de la manera en que Tú quieres que lo haga.

Sálvame de todos los temores externos, de los "temores caídos", así sea el miedo a los oficiales y otras gentes con influencia o a los animales salvajes, a los ladrones o a cualquier otra cosa en el mundo. Que sólo Te tema y reverencie a Ti y que el temor a Ti esté sobre mi rostro en todo momento, para no pecar. Pueda elevar mi temor hacia su raíz en *Daat* - el conocimiento sagrado y la conciencia de HaShem. Ayúdame a alcanzar un completo conocimiento y conciencia de Ti en santidad y pureza, para que pueda saber a Quién debo temer y sólo temer Tu gran Nombre. Que el temor sagrado penetre cada parte de mi cuerpo, mis 248 miembros y mis 365 tendones. Pueda estar pleno del verdadero temor a Tu grande y santo Nombre, en todo momento y con amor llévame hacia un genuino *Daat* en santidad y pureza.

HaShem, Tú sabes cuán pequeña y distorsionada es mi conciencia de Ti. Mis malas acciones, los malos pensamientos y confusas ideas han corrompido mi mente. He llegado a un punto en el que simplemente no sé cuál es el mejor camino que debo tomar en cualquier ámbito de la vida. Dios misericordioso, trátame con piedad y misericordia y otórgame un perfecto y santo *Daat*. Que pueda conocer Tu Nombre y siempre temerte a Ti; y llévame hacia un nivel superior de temor sagrado: el temor a Tu suprema grandeza.

Estudio de la Torá

Ayúdame a trabajar en Tu santa Torá constantemente, día y noche. Abre mi mente y permite que mis ojos vean la luz de Tu Torá. Otórgame un intelecto puro y claro con el cual estudiar Tu santa Torá. Haz que pueda comprender rápidamente todo lo que estudie. Que nada en el mundo tenga poder alguno para distraerme durante mis sesiones de estudio - así sea pensamientos irrelevantes o fantasías sobre los placeres vanos de este mundo o confusas y distorsionadas ideas sobre los estudios mismos y cómo acercarme a ellos. Ayúdame a eliminar tales distracciones y confusiones al estudiar. Que rápidamente pueda recorrer mucho terreno con una clara comprensión. Que comience y termine todos los libros de la santa Torá, tanto la Torá Escrita como la Torá Oral y repasarlos una y otra vez, muchas veces.

HaShem, Dios misericordioso: Tú sabes de las poderosas distracciones y confusiones mentales que sufro constantemente, especialmente al estudiar. Nunca hasta ahora he podido estudiar con una mente clara ni siquiera durante un breve momento. Durante todo el día e incluso al estudiar, mi mente no es más que un torbellino, con una incesante sucesión de miles y miles de pensamientos y sentimientos retorcidos y confusos. No tengo idea de hacia dónde ir para escapar de ellos.

HaShem: Tú sabes cuán desarticulados son mis pensamientos. Tanto he dañado mi mente. Durante años y años mis pensamientos han deambulado por todas partes. Mi mente ha vagado por todas las sendas de la locura, de la confusión y del mal. No puedo siquiera describir todos los detalles. Si quisiera expresar incluso la mínima fracción del torbellino de mi mente, ello tomaría demasiado tiempo. Los verdaderos Tzadikim nos han dado muchos y buenos consejos sobre cómo escapar de tales pensamientos, enseñando que solamente debemos sentarnos pasivamente y no correr detrás de ellos. Pero yo he desatendido sus enseñanzas y hecho lo opuesto. He arrojado todos los buenos consejos que Tú has revelado y que continúas revelando a través de diversas alusiones sobre cómo escapar a la confusión mental y al torbellino. No he hecho esfuerzo alguno por seguir ninguno de esos consejos. Mi mente está tan confundida que incluso cuando quiero luchar contra mis malos pensamientos y guardar Tu consejo no soy capaz de mantenerme en calma y concentrarme en los pensamientos sagrados, ni siquiera durante un corto tiempo.

HaShem, Padre misericordioso en el Cielo: Tú estás pleno de amor y de bondad, a cada momento. Tú sabes cuán lejos estoy de la pureza del pensamiento y del conocimiento sagrado. Mis años han sido malgastados en la vanidad, en el vacío y la confusión: no tengo más que malos y corruptos pensamientos, constantemente. En toda mi vida no he tenido siquiera una sola hora de verdadera calma interior y concentración. Los pecados y la inmoralidad han dejado mi mente turbulenta y confusa. No tengo idea de cómo curarme y cultivar el verdadero y sagrado conocimiento y conciencia, pues he fallado en todos los senderos del conocimiento sagrado.

Por favor HaShem, ten piedad de mí. Ten piedad de mi pobre, exhausta, débil, hambrienta y sedienta alma, que ha descendido hasta este nivel de degradación. Tú sólo conoces la verdadera tragedia de nuestra condición en este tiempo de profundo exilio, mientras esperamos la llegada del Mashíaj. Los alcances de nuestra tragedia espiritual no pueden siquiera comenzar a describirse. Es imposible expresar en palabras ni siquiera una mínima fracción de nuestros problemas. ¡Padre Celestial, sé bueno con nosotros y ayúdanos! Padre Celestial, no tengo idea de qué debo decir ni cómo puedo hacer para aplacarte, viendo que he rechazado Tu profunda guía y me he rebelado tanto en Tu contra.

El Poder de los Tzadikim

Señor del Mundo: Tú sabes que pese a todo lo que pueda decirte o pedirte, la única esperanza de una rápida salvación, de lo único que puedo depender, es del poder de los verdaderos Tzadikim. Tú nos has enviado Tzadikim en cada generación. Y también en esta generación nos has dado tremendos y grandes Tzadikim. Sólo puedo apoyarme en su fortaleza. Que se despierten Tu gran amor y compasión por mí. Me encuentro bajo un ataque continuo. He caído tan bajo. Siento tanto dolor. Mi corazón está tan golpeado. ¡Dios misericordioso, ayúdame! Mediante el poder y el mérito de los verdaderos Tzadikim, ayúdame a luchar contra mis malos pensamientos y desarrollar un conocimiento perfecto y una conciencia de Dios en santidad y pureza. Ayúdame a estudiar y a ponderar Tu santa Torá constantemente, día y noche. Que mis pensamientos e intelecto puedan limpiarse y purificarse hasta quedar libres de todo desecho. Que mi mente pueda estar despierta y alerta y ayúdame a obtener una verdadera y clara comprensión de los temas que estoy estudiando, rápidamente y sin tener que estudiarlos detenidamente.

Llévame a la verdadera humildad. Que nunca me deje llevar por el mínimo atisbo de orgullo o de falsos motivos. Incluso cuando me ayudes y me permitas estudiar mucha Torá, no permitas que tome crédito alguno para mí. No permitas que el estudio de Torá me lleve a la arrogancia. Que pueda estudiar mucha santa Torá por sí misma, en santidad, pureza y verdadera humildad. Ayúdame a estudiar, enseñar, guardar, practicar y cumplir todas Tus enseñanzas de Torá, con amor.

Elevándose más allá de uno mismo mediante la plegaria

Dios misericordioso, llévame a la verdadera plegaria. Que durante todo el día pueda orar de la manera adecuada, con verdad y sinceridad. Despierta mis sentimientos hasta que pueda derramar mi corazón ante Ti con plegarias y súplicas. Ayúdame a expresar y a sacar a la luz toda la bondad oculta dentro de mi "punto" bueno interior. Pueda extraer las palabras de mis plegarias y súplicas de las profundidades mismas de mi corazón, hasta que se revele el bien oculto dentro de mí y el bien supere al mal, permitiéndome anular mi lado malo y eliminarlo por completo. Llévame desde el mal hacia el bien, desde la oscuridad hacia la gran luz.

Ayúdame a orar con una entrega completa, hasta que pierda todo sentido de mi propia e independiente existencia y de mi ser material. Que no sea para mi propio beneficio. Ayúdame a elevarme más allá de todas las limitaciones del yo, como si no estuviese en absoluto en el mundo. Que el solo objetivo de mis plegarias sea en aras de Tu Nombre, para elevar la Presencia Divina desde el exilio y revelar Tu Divinidad en el mundo.

Dios misericordioso: Tú has comenzado a revelarte en el mundo. Mediante los verdaderos Tzadikim nos has enseñado a ofrecerte canciones y alabanzas, plegarias y súplicas. Tú nos has sustentado enseñándonos Tus santos Nombres y atributos, permitiéndonos dirigirnos a Ti y llamarte. Éste es el único apoyo que tenemos en nuestra esperanza de acercarnos a Ti, con todo nuestro corazón y de conocerte. También ahora, ayúdanos a todos en cada generación. Ayuda a cada judío, incluyéndome a mí. Otórgame, mediante la Torá que estudie, la sagrada comprensión y ayúdame a ofrecerte constantes canciones, alabanzas, plegarias y súplicas, todos los días de mi vida. Que pueda orar con una perfecta sinceridad, con fe, con una calma completa y una completa concentración. Guíame hacia la verdad, para que pueda llamarte y dirigirme a Ti en los términos adecuados, y para que mis pedidos y alabanzas encuentren favor delante de Ti y despierten Tu amor y Tu buena voluntad.

La Luz Oculta

Llévame, desde ahora en adelante, a estar genuinamente cerca de Ti y otórgame la bondad proveniente de Tu tesoro de bondad. Mis ojos están pendientes de Ti, esperando a que me lleves hacia la verdadera plegaria. Ayúdame a sumergirme en la constante plegaria, hasta que llegue a aprehender los verdaderos secretos de la Torá y tener así un atisbo de la luz oculta que Tú les revelarás en el futuro a los verdaderos Tzadikim - los secretos más profundos de la Torá. Pueda vislumbrar lo agradable de HaShem y contemplar en Su santuario.

Señor de todo, Dios bueno y misericordioso: Otórgame el que pueda alcanzar tal nivel de Torá y de plegaria ferviente que, incluso en este mundo, sea digno de tener un atisbo de la luz oculta que está escondida y guardada para aquellos que Te temen, como está escrito: "Cuán grande es Tu bondad que has ocultado para aquellos que Te temen y que has hecho para aquellos que se refugian en Ti frente a los hijos del hombre".

HaShem: Tú eres bueno y benevolente para todo. Tú sabes que no hay otro verdadero bien en el mundo más que el escapar del mal e ir hacia el bien, el someternos genuinamente a la Torá y al servicio divino con completa sinceridad, en todo momento, hasta que se nos otorgue un atisbo de la luz oculta incluso en este mundo. Éste es el verdadero y eterno bien. Trata conmigo con misericordia y otórgame el que pueda tener un atisbo de Tu verdadera bondad. "Él elevará al pobre del polvo y al menesteroso de la pila de desechos". Sé bueno conmigo. Elévame y satisfáceme con Tu bondad. Muéstrame el brillo de Tu gloria y otórgame la vida eterna, desde ahora y para siempre. Amén. Selá.

16

Lograr el equilibrio correcto entre el estudio de la Torá y el descanso / Mashíaj

Hay veces en que "tomarse un descanso de la Torá es la manera de guardar la Torá" (*Menajot* 99). Es imposible estudiar y orar continuamente sin interrupción. La cuestión es cómo encontrar el equilibrio correcto entre el estudio y la devoción por un lado y el descanso por otro sin *malgastar* el tiempo.

Durante el período del exilio, las fuerzas del mal y las setenta naciones son "nubes que cubren los ojos" (*Zohar* III: 252) - impidiendo que los ojos del intelecto "brillen como el sol y luna". Pero en la época de Mashíaj, esas nubes serán retiradas y será posible dedicarnos a la Torá y al servicio a Dios constantemente.

Señor del Universo:

Tú nos creaste en este bajo mundo con un buen propósito. Tú decretase que nuestras almas debían descender desde el mundo superior, desde el palacio del Rey, el Santo de los Santos y entrar en este mundo en un cuerpo físico. Tu santa intención fue para *nuestro* bien, para permitir unirnos a Ti en este bajo mundo. Debido a ello, es claramente nuestra obligación mantenernos apegados a Ti, constantemente, sin interrupción. Debemos ocuparnos de Tu santa Torá día y noche, sin el mínimo intervalo y sin pérdida de tiempo. Pues la Torá es nuestra vitalidad y fuente de larga vida. No tenemos vida alguna más que cuando estamos unidos Ti y a Tu santa Torá.

Pero HaShem, ¿qué podemos hacer? Tú sabes que a causa del burdo materialismo de nuestros cuerpos y al largo exilio entre las naciones debido a nuestros muchos pecados, nos es casi imposible estar constantemente apegados a Ti y a Tu santa Torá de la manera en que debiéramos, sin interrupción. No tenemos más opción que dejar de lado el estudio de Torá e interrumpir nuestra exploración de Tu santa sabiduría durante un tiempo. Nuestras mentes están sujetas a distracciones muy poderosas debido a las "nubes que cubren los ojos" durante este profundo exilio. Incluso el verdadero Tzadik se ve forzado a interrumpir sus devociones y la búsqueda de sabiduría superior para descansar su mente. De otra manera las distracciones se volverían abrumadoras y podrían sacarlo de su senda y frustrarlo por completo.

Si esto se aplica al Tzadik, ¿qué debería hacer yo? Carezco de comprensión y de sabiduría. No tengo idea de cómo comportarme con respecto al aprendizaje y al descanso. ¿Cómo puedo lograr el correcto equilibrio para descansar sólo cuando sea necesario, sin desperdiciar demasiado tiempo?

He venido por lo tanto delante de Ti para pedirte ayuda. HaShem, mi Dios y Dios de mis padres: guíame por el sendero correcto. Envíame desde Tu santa morada sabiduría, comprensión y conocimiento. Ayúdame a saber cómo comportarme con respecto a la enseñanza de "tomarse un descanso de la Torá es la manera de guardar la Torá". Guíame y enséñame a actuar en todo momento como Tú querrías que lo hiciera para mi propio bien. Que haga todo de la manera adecuada en el tiempo correcto.

Que me dedique constantemente a la Torá, a la plegaria y a las buenas acciones, en aras de Tu Nombre. Que me dedique a ello sin descanso y con todas mis energías. Ayúdame a llenar cada día con un genuino servicio a Dios. Permite que sepa cuándo es necesario descansar un poco. Que nunca descanse salvo cuando sea necesario. E incluso cuando necesite interrumpir el estudio de la Torá, ayúdame a no perder todo, Dios no lo permita. Otórgame el conocimiento y la comprensión e inspírame con sabiduría para ser capaz de unirme interiormente con HaShem y la sagrada Torá incluso en los momentos en los cuales no estoy estudiando.

Y cuando tenga que interrumpir mis estudios, que los ojos de mi mente brillen con el vestigio de la luz de la sabiduría de la santa Torá que aún quede de cuando estuve estudiando. Que mis ojos brillen como el sol y la luna -

a veces como el sol, cuando estoy unido a la sabiduría superior de Tu santa Torá, y a veces como la luna, cuando me veo forzado a interrumpir la búsqueda de la sabiduría y el estudio de la Torá. Que mis ojos brillen entonces con la luz de la luna llena, para apegarme a Ti constantemente, por siempre.

Ayúdame en todo momento y llévame a una genuina y completa teshuvá. Que de ahora en adelante pueda estar verdaderamente unido a Ti de la manera en que Tú lo deseas y pasar todos los días en Torá, plegaria, buenas acciones, en santidad y pureza, con verdad y fe, en temor y amor, en alegría y satisfacción por la abundancia de todo. Dios misericordioso: ayúdame a no malgastar una sola hora o ni siquiera un sólo momento de mi corta vida. Mis días son breves, y si no es ahora, ¿cuándo?

Llegará un tiempo en el que Tú me harás rendir cuentas por cada hora de cada momento de cada día de mi vida. ¡Ayúdame! Incluso cuando me vea forzado a interrumpir el estudio de la Torá, envíame tareas que estén unidas a Tu servicio y estén de acuerdo con Tu voluntad, con las que pueda ejercitar el intelecto y descansar la mente, y dedicarme así a llevar a cabo actividades sagradas que estén realmente de acuerdo con Tu voluntad. Ten piedad de mí y ayúdame a vivir de la manera que Tú quieres para mí desde ahora y para siempre.

Mashíaj

Despierta Tu gran amor por nosotros y redímenos pronto. Envíanos rápidamente al Mashíaj - Mashíaj ben David y Mashíaj ben Iosef. Que ambos se unan y se fundan en uno. Que derroten a las setenta naciones y a todas las fuerzas del mal y las arrojen al polvo. Que su sabiduría se revele al mundo. Que se difundan sus fuentes y que la tierra esté llena del conocimiento de HaShem tal como las aguas cubren el mar. Que cada ser sepa que Tú lo has hecho, que cada criatura comprenda que Tú la has creado y que todas las naciones se arrepientan y lleguen a servirte y a temerte a través de la sabiduría de los dos Mashíaj. Cumple con la profecía: "Pues entonces enviaré a las naciones una lengua pura para que todas llamen en el Nombre de HaShem y Lo sirvan de común acuerdo".

Elimina de la tierra el dominio de la arrogancia y rápidamente desarraiga, quiebra, destruye y humilla a las fuerzas del mal, pronto y en nuestros días. Quita todas las nubes que cubren los ojos. Entonces podremos estar unidos a Ti y a Tu santa Torá constantemente, sin interrupción, en absoluto. Ningún obstáculo tendrá el poder de distraer nuestras mentes. Podremos mantenernos apegados a Ti constantemente, todos los días de nuestras vidas, por siempre y se cumplirá con el versículo: "La luz de la luna será como la luz del sol". Pronto y en nuestros días. Amén.

17

Ser conscientes de nuestro verdadero valor y de lo valioso de nuestras almas / Caridad / Claridad mental / Conciencia espiritual / Comer / Sensibilidad al Tzadik y a su mensaje / Teshuvá / Conversos

Existe un tremendo potencial para el bien en el mundo en general y dentro de cada uno de nosotros, pero hoy en día mucho de ese bien está atrapado en el exilio. Como individuos luchamos contra nuestras propias barreras internas mientras que el mundo en general continúa resistiéndose a la verdad de la revelación Divina. Durante siglos esta resistencia tomó la forma de una brutal persecución de los judíos, lo que entre otras cosas les impidió hacer mucho del bien que ellos podrían haber realizado. Este potencial no realizado para el bien cae en la cautividad, si así puede decirse, en medio de los no judíos.

El Tzadik verdadero trabaja para revelar y despertar esa bondad al restaurar nuestra conciencia del elevado nivel de nuestras almas. Toda la creación llegó a la existencia en aras de las almas del pueblo judío y Dios se enorgullece de cada uno, incluso del gesto más pequeño hecho por un pecador cuando tiene la intención de acercarse a Dios. El Tzadik también tiene el poder de despertar el bien atrapado en la cautividad entre los no judíos, que sale de allí en la forma de conversos.

Si la persona es insensible al mensaje del Tzadik, ello se debe a sus propios pecados que hacen que su intelecto Divino se nuble, dejándola presa de toda clase de dudas y cuestionamientos. Una de las claves principales para restaurar la claridad del intelecto Divino es dar caridad - tanto a aquellos que la necesitan materialmente como al verdadero Tzadik, quien utiliza el dinero para difundir sus enseñanzas y proveer a las necesidades espirituales del mundo. Al darle caridad uno se unifica con las muchas almas que se benefician de ello, fortaleciendo así el poder del bien en uno mismo y en el mundo en general.

Una segunda clave para la claridad mental y espiritual es comer en santidad y pureza. Por otro lado, ser excesivamente indulgentes lleva a la confusión mental y al embotamiento de las facultades del temor y del amor que son centrales en nuestra relación con Dios.

Señor de todos los mundos, Señor de todas las almas:

Tú has creado Tu universo en aras de Tu pueblo Israel, como está escrito: *"Be-reshit -* En el comienzo creó Dios los cielos y la tierra" - sobre lo cual han comentado nuestros Sabios: *"Bereshit -* para Israel, que es llamado *reshit,* el primero". Israel se elevó primero en el pensamiento Divino. Tú creaste todos los mundos en aras de nosotros, desde el comienzo de *Atzilut,* el Mundo de la Emanación hasta este mundo físico, la tierra y todo lo que hay en ella, los mares y todo lo que hay en ellos. Tú creaste todo con un buen propósito, para que pudieras enorgullecerte de nosotros en cada generación.

Y así, Padre misericordioso, ten piedad de nosotros y ayúdanos a hacer siempre lo que es bueno a Tus ojos. Que lleguemos a ser genuinamente las personas que Tú quieres que seamos. Que nos alejemos del mal y hagamos siempre el bien, para que Tu orgullo y deleite en nosotros puedan ser revelados en todo momento.

Caridad - la clave para revelar la Divinidad exiliada

Dios misericordioso, ayúdame a dar mucha caridad a personas dignas que genuinamente la merezcan y a los verdaderos Tzadikim, para quedar unido con la multitud de almas judías y así sacar a luz el bien oculto dentro de mí. Tú conoces la gran belleza, la santidad y bondad que se encuentran dentro de mí. Lo que sucede es que ello fue suprimido y ocultado debido al largo y amargo exilio durante años y años, desde mi primer día en la tierra hasta hoy. Aún no he sido capaz de trabajar sobre mí y sacar a la luz, fuera del exilio, ese bien oculto. Me es imposible recordar dónde me encuentro en el mundo. No sé qué debo hacer para manifestar el bien que tengo dentro de mí.

Por favor, HaShem, guíame y muéstrame qué es lo que debo hacer. Muéstrame Tu amor y otórgame un completo éxito. Haz maravillas conmigo y dame *vida*. No dejes que sea como un muerto en vida. Trátame con una incondicional bondad, como corresponde a Ti y no de acuerdo a mi malo y vergonzoso comportamiento y actitud. Por favor ten piedad de mi pobre y quebrantada alma y despierta Tu compasión por el bien esencial que está dentro de mí. Sólo con ello podré luchar y conquistar el cuerpo y sus deseos hasta que el bien domine al mal y todos mis deseos corporales y malas características sean eliminados y vivir así, siempre, de la manera en que Tú lo deseas.

¡Padre en el Cielo! ¡Padre en el Cielo! Padre bondadoso y realmente amoroso, que se apiada del pobre y oye el clamor de los necesitados; que ve la deshonra de los desdichados y oye y presta atención al clamor proveniente de lo más profundo del infierno y más allá. No hay suspiro ni clamor que Tú no escuches. Guíame y enséñame qué es lo que debo decirte. Hazme saber qué es lo que debo clamar ante Ti.

Por favor, ten piedad de mí. Me siento tan humillado. Mi corazón está tan quebrantado. Me siento tan falto de inteligencia y de sensibilidad. Soy tan débil, estoy tan confuso, tan vapuleado y desorientado. El bien que hay dentro de mí está literalmente atrapado y prisionero en un amargo exilio. Estoy encerrado tras miles y miles de barreras y muros de hierro. Miles y miles de guardianes y de enemigos que me acechan constantemente y quienes no me devolverán el alma.

Me es imposible hacer siquiera lo mínimo de la manera en que se supone que deba hacerlo. Incluso cuando me siento inspirado a llevar a cabo algo sagrado, me siento incapaz de dar el más pequeño paso con la bondad y el esplendor que le corresponden a un judío, como Tú sabes. ¡Ay! ¡Es tan amargo! ¡Amargo! ¡Ay! ¡Es tan, tan amargo! Ay de mi alma - ¡del alma que actuó de esta manera! ¡Ay! Los días y años que he malgastado en una insustancial vacuidad, inutilidad y mal. Señor de todo: a Ti clamo. ¡Dios compasivo! ¡Vuelve Tu oído hacia mí y escucha! ¡Abre Tus ojos y mira mi devastación! ¡Contempla mi miserable situación!

Señor del Universo, en Tu gran amor me has dado el privilegio de ser un judío. Tú has sido bueno conmigo y me has acercado a los verdaderos Tzadikim - a creer en ellos y a anhelar por ellos. En el mérito de esos santos, que ahora descansan en la tierra, trátame con bondad y ayúdame a experimentar un verdadero despertar espiritual. Que el bien dentro de mí despierte genuinamente y pueda así llegar a ser consciente de él. Que el bien en mí llegue a comprender su gran valor y saber de dónde fue tomado - del Pensamiento Supremo del Santo, bendito sea. Allí me elevé en el Pensamiento Primordial, junto con todas las almas de Israel -yo, la criatura más liviana del "mar"- por sobre todos los cuatro mundos, *Atzilut, Beriá, Ietzirá y Asiá...*

Mi raíz se encuentra por encima de todos esos

mundos, pues soy un miembro del Pueblo de Israel, quien se elevó en el Pensamiento Primordial. Dios se aconsejó con nosotros al crear todos los mundos y todo lo que hay en ellos, hasta las profundidades de *Asiá* - este mundo, junto con todo lo que hay en él, en los cielos, en la tierra y en los mares.

Y ahora, luego de todo esto, por favor, ayúdame. ¡Dame fuerzas! ¡Fortaléceme! ¡Despiértame! Dios bueno y misericordioso: Ayúdame a comprender dónde me encuentro exactamente, adónde he sido arrojado y cuán lejos he estado de Ti durante tanto tiempo. ¿Es que alguien podría llegar a creer que la verdadera bondad enraizada dentro de mí pudo haber sido arrojada a un lugar tan alejado, oscuro y remoto, hacia una oscuridad tan abyecta, hacia lugares tan degradados y ruines - lugares tan remotos de la santidad que ni siquiera pueden ser llamados "lugares"?

Por favor, HaShem, apiádate de mí. Pues cada vez que quiero hablarte y expresar mis sentimientos no sé por donde comenzar ni cómo terminar. Me encuentro bajo tan extrema presión y mis necesidades son tantas que ni siquiera cientos de miles de páginas serían suficientes para explicar todo ello. Como resultado, no puedo abrir mi boca en absoluto. Incluso cuando comienzo a hablar todo lo que digo es confuso, porque tengo tantas y diferentes necesidades que no puedo comenzar a ordenarlas y a explicarlo todo.

Pero para Ti, Señor de todo, todos los secretos te son revelados, desde los comienzos mismos de la creación. Tú conoces lo que está oculto en nuestros corazones y en las profundidades de nuestros pensamientos y cómo en mis intenciones más profundas, el bien en mí clama con la voz más sentida e insoportablemente amarga. La verdadera situación de mi condición se encuentra más allá de toda medida. Entonces, ¿por qué has cerrado Tu oído y ocultado Tu rostro de mí durante tanto tiempo? ¿Por qué has retenido Tu amor de mí?

HaShem, Dios nuestro y Dios de nuestros padres: Así como has demostrado tal abundante amor y bondad al haberme creado judío, de la misma manera sea Tu voluntad despertar Tu misericordia hacia mí y ayudarme a prestar cuidadosa atención a las palabras de los verdaderos Tzadikim. Que mis ojos se abran, mis oídos oigan y mi corazón comprenda su mensaje, pues su constante trabajo y tarea es despertar la bondad que está enraizada en las almas del pueblo judío y elevarla, sacándola de su exilio, llevando a la gente hacia el arrepentimiento y haciendo prosélitos.

Pueda yo oír la voz de los Tzadikim de esta generación y las palabras de los verdaderos Tzadikim que ahora descansan en la tierra, tal cual están escritas en sus santas obras. Pueda oír, ver y comprender sus santas palabras, hasta que el bien dentro de mí despierte con toda su fuerza y su santo poder, para que pueda luchar en contra del mal dentro de mí, quebrarlo y expulsarlo completamente. Pueda retornar a Ti con todo mi corazón en una perfecta y genuina teshuvá y vivir de la manera en que Tú quieres que lo haga en santidad, pureza, alegría y buen corazón.

Por favor, HaShem, apiádate de mí y haz lo que Te estoy pidiendo. Y de la misma manera, Dios misericordioso, permite que la verdad le sea revelada al mundo entero y que todo el pueblo judío se inspire para llegar a una completa teshuvá. Que aquellos que están lejos de Ti oigan y lleguen a reconocer el poder de Tu reinado. Muestra Tu amor por el pueblo judío y por el bien que está prisionero entre las naciones del mundo. Dios: está en Tu poder el hacer poderosos milagros y maravillas. Hazlo ahora y envía una nueva conciencia al bien que está disperso y diseminado entre las naciones, tan lejos de la santidad. Que las almas dispersas y exiladas comprendan dónde se encuentran en el mundo y hacia dónde irán, Dios no lo permita, si no retornan a su fuente. Inspíralas hasta que tomen conciencia y recuerden a HaShem y se arrepientan y conviertan de todo corazón.

HaShem: sólo Tú sabes de la tragedia de este bien, prisionero como está en tales lugares. Tú conoces la verdad, que nada en el mundo merece tanta piedad. Ningún dolor ni sufrimiento sobre la tierra pueden compararse con el insoportable y amargo tormento sufrido por ese bien, que se encuentra en un exilio tan profundo y tan alejado de su Padre en el Cielo. "¿En qué le beneficia al Padre el haber desterrado a sus hijos? Y ¡Ay del hijo que ha sido exilado de la mesa de su padre!". ¡Ay! ¡Cuánta amargura para ese hijo! ¡Ay! Cuán terriblemente amargo para ese hijo, que una vez estuvo en un lugar tan exaltado y que ahora ha caído tan bajo.

Si Tú no te apiadas de nosotros, ¿quién lo hará? ¿Quién estará por nosotros? No tenemos a nadie de quien depender excepto de Ti, Padre celestial. Debido a nuestros muchos pecados han fallecido los verdaderos Tzadikim que tenían el poder de despertar el bien prisionero llevándolo hacia la conciencia de la verdad. ¿Qué haremos en esta época de dificultades, como nunca antes las hubo? Hemos quedado como un mástil solitario en la cima de la montaña, como una solitaria bandera en una colina. No tenemos nada sobre lo cual apoyarnos. Nuestra fortaleza ha desaparecido. No tenemos a nadie que nos ayude. Mira cuán empobrecidos estamos. Nuestros corazones están plenos de dolor y de tristeza. Ayúdanos, pues nos apoyamos en Ti, pues Tú eres bueno para todo.

En aras de Tu bondad y gloria, haz lo necesario para sacar del exilio todo ese bien disperso entre las naciones, haciéndolo volver a la santidad. Continúa trayendo de regreso más y más verdaderos conversos y penitentes hasta que todo el pueblo judío y todos en el mundo se vuelvan a Ti, de todo corazón. Que podamos ver el esplendor de Tu poder y que sean destruidos todos los ídolos y falsos dioses, hasta que se revele el dominio del Dios eterno por sobre el mundo entero y toda carne llame en Tu Nombre. Que todos los malvados vuelvan a Ti y los habitantes de la tierra Te reconozcan y sepan que ante Ti toda rodilla debe doblarse y toda lengua jurar.

Quebrando el deseo de comer de manera innecesaria y evitar las comidas prohibidas

Dios misericordioso: Ayúdame a quebrar mi ansia de comer de manera innecesaria hasta que quede totalmente libre de toda urgencia por comer puramente en aras de la gratificación de mi apetito físico. Pueda comer y beber sólo en aras de Ti - para tener la fuerza que me permita seguir la senda de Tu Torá con todo mi corazón. Que mi comer sea en santidad y pureza en aras de Tu Nombre.

Dios misericordioso: ayúdame a protegerme de comer alguna comida prohibida, tanto aquella prohibida por la Torá como la prohibida por nuestros Sabios. Cuídame siempre de todas las trampas ocultas y nunca permitas que la comida prohibida llegue a mi boca. Señor del universo entero: Tú sabes que es imposible para un mero ser humano estar constantemente en guardia contra todas las diferentes clases de comidas prohibidas y de mezclas. Existe una enorme cantidad de detalles complejos. Y Tú sabes también de los terribles daños que le hace al alma judía el ingerir comidas prohibidas.

Por favor ten piedad de mí y ayúdame en aras de Ti. Cuida mi alma y mantenme bien lejos de toda clase de comidas prohibidas - animales que no son kosher, gusanos e insectos, mezclas de carne y leche, vino no kosher, grasa prohibida, sangre, el nervio ciático, el miembro de un animal vivo, pan no judío, comida cocinada por no judíos, *jametz* en Pesaj y toda otra clase de comidas prohibidas y mezclas. Protégeme y sálvame de todas ellas. No permitas que ninguna entre en mi boca ni traiga impurezas a mi alma. Que mis hijos, mis descendientes y todo el pueblo judío estén limpios y puros y haz que siempre estemos lejos de todas las comidas prohibidas. Santifícanos con Tu exaltada santidad para que podamos seguir el precepto de "sean santos pues Yo soy santo".

Ten compasión de mí y sálvame de toda clase de impurezas y de todo aquello que hace desagradable al alma. Santifícame de todas las maneras posibles. Ayúdame a comer con la santidad que le corresponde a un judío. Pueda reparar el daño al altar sagrado comiendo en santidad y pureza y que mi mesa traiga expiación para mí, al igual que el altar. Llévame a una perfecta fe y dame la fuerza y la sabiduría para eliminar toda clase de falsas creencias. Ayúdame a hacer que la gente que se ha alejado y extraviado en falsas creencias pueda retornar a la verdadera fe en Dios.

Por favor, HaShem: ayúdame a superar mis deseos corporales y mi falta de autocontrol, y dame claridad mental. Otórgame el que pueda ser capaz de dar caridad generosamente a muchas personas que lo merezcan y a los verdaderos Tzadikim de nuestra generación y reparar así el daño al altar causado por nuestros pecados. Hoy en día no podemos llevar las ofrendas quemadas y los sacrificios y no tenemos sacerdote que pueda expiar por nosotros.

Apiádate de mí: permite que pueda superar mi deseo de comer de manera innecesaria y ayúdame de ahora en adelante a comer en santidad y pureza para que mi mesa pueda expiar como el altar. Pueda tener invitados a mi mesa; pueda darles una porción de mi comida a aquellos que lo necesiten; pueda estudiar Torá en la mesa y comer todas las comidas en completa santidad.

Que mi conducta en la mesa me purifique de todos mis pecados y me permita ganar así mi parte en el mundo que viene, al igual que un buen sustento en este mundo. Que pueda ser marcado para el bien en los mundos más elevados y desarrollar mi fortaleza para los tiempos en que la necesite. No permitas que las fuerzas de lo no santo se nutran de mi mesa y de mi comer, excepto por el mínimo necesario que se les debe dar de acuerdo a Tu voluntad, pero no más.

Que pueda cumplir con la mitzvá de lavarme las manos antes de comer pan y al final de la comida y santificar así mis manos trayendo una perfecta santidad y pureza sobre mí en cumplimiento del versículo: "Se santificarán y serán santos pues Yo, HaShem, Soy santo". Ayúdame a decir la bendición sobre el pan, las gracias después de las comidas y todas las otras bendiciones antes y después de comer, con total concentración y devoción, en santidad y pureza. Que mi mesa sea digna de que se le aplique el versículo: "Y él me dijo, 'Ésta es la mesa que está delante de HaShem'". Que mediante el comer en santidad pueda superar mi confusión mental y mi falta de autocontrol y me ayude a alcanzar una perfecta sabiduría y conexión con Dios.

Ayúdame, HaShem: Tú sabes de la constante confusión mental y turbulencia de la que sufro. No puedo soportarla. Pero no tengo absolutamente ninguna idea de qué hacer para limpiar mi mente y liberarme de mi impulsividad y locura. A ello se debe mi comportamiento pecaminoso, pero lejos de ser capaz de poner algún orden en mi mente y comportarme como debiera, hago constantemente lo que no debo: mi comportamiento se vuelve más y más impulsivo e inquieto y mi mente cada vez más turbulenta.

"Mis ojos miran hacia arriba, HaShem. Redímeme y sálvame. Intercede por el bien de Tu siervo y no dejes que mis pensamientos arrogantes y pecados me abrumen. Saca mi alma de la prisión". Otórgame el conocimiento, la comprensión y la sabiduría y ayúdame a arrepentirme de mis malos pensamientos. Pueda abandonar mis malos senderos y mis corruptos y confusos pensamientos que crean tantas barreras cuando intento volverme hacia Ti. Ten piedad de mí. Ten compasión de mí. Despierta Tu amor y misericordia por mí. Dame esperanzas. Ayúdame a comenzar nuevamente. Pueda eliminar, de ahora en adelante, todos los malos pensamientos y distracciones y liberarme de toda confusión mental.

Permite que desarrolle mi mente a la perfección,

rápida y fácilmente, hasta que llegue a una perfecta sabiduría y conocimiento sagrado. Y con ello ayúdame a dejar de hacer todo el daño que he hecho hasta ahora. Permite que de ahora en adelante sea una persona que verdaderamente se aleja del mal. Ayúdame a mejorar y a perfeccionar mi comportamiento. En lugar de mi anterior comportamiento pecaminoso, pueda dedicarme de ahora en más al bien y a las actividades nobles que evoquen el favor y la alegría delante de Tu trono de gloria.

HaShem, Dios mío y Dios de mis padres: por favor haz brillar para mí la luz de la sagrada sabiduría y permíteme ver el brillo de los verdaderos Tzadikim que irradia en todos los mundos y en ningún lugar con más fuerza que en este bajo mundo. Pero debido al mal que he hecho y a mi falta de espiritualidad la luz de los Tzadikim se ha ocultado tanto de mí que incluso cuando trato de acercarme a ellos y estudiar sus santas obras aun así soy incapaz de sentir el poder de su pura y radiante luz. Debido a mi propia oscuridad espiritual y malos hábitos me he vuelto insensible a la dulzura de sus santas palabras. Para mí, la luz del santo temor y amor está oculta en la oscuridad y debido a mis pecados estoy lejos, muy lejos del verdadero temor y amor.

Por favor HaShem, apiádate de mí. No me rechaces y no me abandones. Ayúdame a desarrollar mi mente y mi alma y a mejorar mi comportamiento. Ábreme a la luz de la santa sabiduría y revélame la verdad. Pueda ver la luz de los verdaderos Tzadikim con los ojos de mi alma. Otórgame el que pueda ser uno con ellos y acércame al sendero y a las buenas prácticas que ellos nos han enseñado. Y, de esa manera, llévame a un completo temor y amor santo.

Pueda acercarme a los Tzadikim que tienen el poder de revelar el gran orgullo y placer que Tú sientes por el pueblo judío en cada generación, como está escrito: "Israel, en quien Yo me enorgullezco". Esos Tzadikim que revelan el orgullo y el placer que Tú sientes por el pueblo judío en su totalidad -Tu pueblo santo a quien Tú elegiste de entre todas las naciones y exaltaste por sobre todas las lenguas- como también el orgullo y placer que Tú sientes por cada judío individual, hasta por el más insignificante, incluso por los pecadores judíos, en la medida en que aún sigan llevando el nombre de judíos - pues incluso en esa situación Tú sigues sintiendo orgullo de ellos y Tu gloria es elevada y ensalzada a través de ellos. Esos Tzadikim también tienen el poder de revelar incluso el orgullo y el placer que Tú sientes por el más pequeño detalle en las buenas acciones y gestos de cada judío.

Que todo ese orgullo y placer sean revelados por los verdaderos Tzadikim, para manifestar así todas Tus intenciones al crear el Universo como un todo, a cada una de las diferentes criaturas en particular y a todos los detalles únicos de cada criatura individual. Pues Tú creaste todo sólo en aras de Tu pueblo Israel, para que puedas enorgullecerte y sentir placer en ellos y ser magnificado y exaltado. Otórganos el que seamos capaces de ver y comprender todo esto, para alcanzar así un completo temor y amor a Dios y llegar a temer Tu poderoso y tremendo Nombre y amarte genuinamente con todo nuestro corazón, con toda el alma y con todas nuestras fuerzas.

Por favor HaShem: Tú oyes cada plegaria, cada clamor y suspiro. Con bondad oye mi plegaria y otórgame lo que he pedido - en aras de Ti y no por mí. Que pueda darle mucha caridad a gente que genuinamente lo merezca y a los verdaderos Tzadikim de esta generación y hacer que el bien que está exilado recuerde su gran valor, especialmente el bien que está dentro de mí, atrapado en un exilio tan profundo. Despiértame y haz que pueda luchar en contra del mal que hay en mí, hasta poder conquistar el mal y expulsarlo de mí por completo. Llévame rápidamente a una completa teshuvá. Ayúdame a eliminar mis apetitos físicos por la comida innecesaria. Ayúdame a comer en santidad y pureza en aras de Tu Nombre y elimina la turbulencia mental y la locura que me llevan a hacer el mal.

Dios bondadoso y misericordioso: llévame a un perfecto conocimiento sagrado y a la verdadera espiritualidad. Haz que haga lo que es bueno a Tus ojos. Ábreme a la luz de la sabiduría y permite que el brillo de los verdaderos Tzadikim, que irradia en todos los mundos, pueda revelarse en su verdadero poder. Que ello me lleve a un perfecto temor y amor a Dios y unifique mi corazón, para llegar a amar y a temer genuinamente Tu Nombre desde ahora y para siempre. Amén. Selá.

18

*El propósito final de la vida / La vida
después de la muerte / Quebrando la
ira / Fe / Evitando la superstición / El
verdadero líder espiritual*

Todo tiene un propósito y ese propósito sirve a su vez a
un propósito superior. El propósito final de todo es la
satisfacción del Mundo que Viene: fue por ello que el mundo
entero llegó a la existencia. Los únicos que pueden aprehender
ese propósito son los Tzadikim. En la medida en que cada judío
individual esté enraizado en el alma del Tzadik podrá recibir de
él y alcanzar ese destino final, pero sólo con la condición de que
quiebre su propia ira.

No debemos permitir que la ira nos haga actuar de
manera cruel. En su lugar debemos demostrar amor. La ira es
en efecto un acto de autoadoración y genera la "ira" Divina - la
retención del favor Divino. Una de las maneras en que esto se
expresa en el mundo es cuando los verdaderos Tzadikim sienten
la necesidad de ocultarse. Pero si quebramos nuestra ira, Dios
responde haciendo que los Tzadikim se revelen y acepten la
responsabilidad de guiar al pueblo judío. En su humildad, el
Tzadik ama verdaderamente al pueblo judío, como opuesto a
los falsos líderes que pueden pretender ser altruistas pero que
en verdad su sola intención es disfrutar del poder y de la gloria.

Señor de los mundos. Fuente de todo bien. Tú que eres bueno para todo:

Tú creaste Tu universo para un buen propósito, de acuerdo a Tu plan primordial. Su objetivo final fue nuestro bien, para que podamos cumplir con nuestro verdadero destino y llegar al bien último. Ese verdadero bien es el objetivo final de todo y todos los otros objetivos deben en última instancia llevar a él. Fue por esto que Tú creaste todos los mundos con tan asombrosa sabiduría, desde el origen de *Atzilut* hasta el mismo final de *Asiá*, este Mundo de la Acción. Mediante el trabajo en este mundo, que se manifestó último en la obra de la creación, podemos llegar a unirnos y a fundirnos con aquello que se elevó primero en el pensamiento: el objetivo final del bien eterno.

Alcanzando el objetivo final

HaShem, Dios mío y Dios de mis padres, Dios de compasión: Ayúdame a cumplir con Tu propósito de alcanzar el bien que Tú quieres darme. Que pueda servirte en todo momento, de manera genuina y de todo corazón. Que me aleje de todo mal y siempre haga lo que es bueno a Tus ojos, para alcanzar así mi verdadero destino. Que mi único propósito en todo aquello que haga en este mundo y en todo a lo que me dedique sea alcanzar el objetivo final, para que finalmente esa acción o tarea me guíe a mi verdadero destino. No permitas que haga, diga o me dedique a nada que no esté unido con el hecho de alcanzar ese último propósito. Pueda cumplir con el versículo: "Conócelo a Él en todos tus caminos y Él enderezará todos tus senderos". Que todas mis acciones sean en aras del Cielo.

Señor del Universo: Tú sabes cuán lejos estoy de mi propósito final. No sólo no me he cuidado de hacer aquello que no está relacionado con el hecho de alcanzar mi destino. Por el contrario, he hecho lo opuesto. Mis acciones me han alejado totalmente de mi objetivo. He hecho tanto mal. Estoy lo más lejos que se puede estar de mi verdadero propósito. Padre Celestial: ¿qué sentido tiene una vida de dolor y de amargura como ésta? ¿Es acaso posible llamarla *vida*? ¿Acaso no son miles de muertes mejores que esta amarga vida, viendo que ésta no me lleva a mi verdadero propósito?

Señor del Mundo. Señor del Universo todo, Quien con amor les da vida a los muertos. Fuente de toda vida. Dame vida. Dame vida y no la muerte. Dame la verdadera vida, la vida eterna, una vida buena y larga, una vida de temor al Cielo - una vida en la cual utilice cada momento para acercarme al objetivo verdadero y final para el cual Tú creaste todos los mundos y para lo cual descendimos desde las supremas alturas de los mundos superiores hasta este bajo mundo.

Ten piedad de mí. ¡Dame esperanzas! ¡No me destruyas! Fortaléceme y dame determinación. Ayúdame a tener piedad de mí y a mantenerme muy lejos de todo mal. Que nunca vuelva a hacer algo que no me lleve hacia el propósito final. Ten piedad de la obra de Tus manos. Haz que pueda volverme a Ti con todo mi corazón y alcanzar el verdadero objetivo de la vida, a elevar este mundo, el último en ser creado, para unirlo y unificarlo con aquello que se elevó primero en el pensamiento.

Quebrando la ira

HaShem, Dios mío y Dios de mis padres. Dios bueno y misericordioso: ¡ayúdame! Cuídame y protégeme de la ira, del mal carácter y del resentimiento. Aunque a veces comience a enojarme, ten piedad de mí y no permitas que haga algo malvado llevado por la ira. Ayúdame a quebrar mi enojo y en su lugar a mostrar amor y bondad. Ayúdame a controlar mis impulsos y a quebrar mi mal temperamento, a transformarlos en amor. Que siempre actúe con bondad donde hubiera querido demostrar ira. No dejes que tenga un dios extraño dentro de mí y no permitas que adore a los ídolos - pues esto se dice de todo aquel que se enoja: es considerado como si hubiese adorado a los ídolos.

Señor del Universo: Tú sabes cuán difícil es quebrar este maligno rasgo de la ira y del resentimiento. Una vez que la ira comienza a arder, ya no puedo controlar mi mente. Es tan difícil apagar el fuego del enojo y suprimirlo. Apiádate de mí en aras de Tu Nombre y ayúdame. Cuídame y protégeme en todo momento. Ayúdame a quebrar este rasgo y a eliminar totalmente la ira y el resentimiento en mí. Que nunca me enoje ni monte en cólera. Que siempre sea bueno para todos, desde ahora y para siempre.

Y con ello, pueda despertar Tu verdadera bondad y amor por nuestra pobre nación, desamparada como está hoy en día. Hemos sido despreciados y golpeados. Estamos dispersos por todas las montañas como un rebaño diseminado sin pastor, y sin nadie que nos reúna. Deja de estar enojado con nosotros. Deja de lado Tu ardiente furia y reemplázala con la dulzura. Que Tu compasión se sobreponga y nos muestres favor. Ten misericordia de nosotros y envíanos a los verdaderos Tzadikim, a los líderes santos, que con amor nos guiarán y pondrán en nuestros corazones y en nuestras mentes la comprensión del verdadero objetivo y propósito en la vida. Podamos, con su ayuda, pasar todos nuestros días en la búsqueda del verdadero objetivo, dejando de lado todos nuestros apetitos mundanos. Que nuestro único y total objetivo, deseo, esfuerzo y lucha sea sólo por el verdadero y último propósito, de acuerdo a Tu voluntad.

El líder verdadero (apropiado para el día 7 de Adar, aniversario del fallecimiento de Moshé Rabeinu)

Señor del Universo: Tú solo conoces la verdadera profundidad de nuestras dificultades en esta generación - la desesperada situación del pueblo judío como un todo y de cada judío de manera individual. Todos estamos hambrientos, anhelantes y esperando llegar verdaderamente cerca de Ti. Todo aquel que conoce las heridas de su corazón anhela y espera por el verdadero sanador y líder que nos acercará y curará la enfermedad y el dolor del alma. No tenemos a nadie que esté por nosotros, pues Tú nos has quitado la alegría de nuestros ojos - los verdaderos Tzadikim, los líderes verdaderos. No tenemos un verdadero líder que nos guíe y acerque genuinamente a Tu servicio.

Señor del mundo: Tú conoces nuestros dolores. Tú has oído nuestro clamor frente a nuestros opresores. Levántate y ven en nuestra ayuda en este momento de dificultad, cuando nos encontramos en el umbral del Mashíaj, en la profundidad de este amargo exilio del alma y del cuerpo. Carecemos de la habilidad y la comprensión que nos permitan despertar Tu favor y llamarte, para que hagas brillar nuevamente Tu rostro sobre nosotros.

Padre en el Cielo: ten compasión de nosotros. Padre en el Cielo: no nos ocultes Tu rostro. Gobernador de todo, Rey de toda la tierra: envíanos un verdadero y santo líder y gobernante con el poder de llevarnos con amor, como el ama de leche lleva al niño de pecho, para acercarnos genuinamente a Tu servicio. Otórganos un verdadero líder como Moshé Rabeinu, que descanse en paz. En Egipto el pueblo judío estaba hundido en las cuarenta y nueve puertas de la impureza y le era imposible salir de allí excepto a través de Moshé. Tú te apiadaste de ellos y decretase que Moshé fuese allí... Que Moshé los redimiese... Aunque Moshé Rabeinu, en su gran humildad, intentó ocultar su rostro y no quiso aceptar el papel de líder. Incluso así, Tú te apiadaste de Tu pueblo Israel y le ordenaste ir en contra de su voluntad. Y Tú estuviste con él, constantemente, hasta que pudo redimirlos.

Hoy en día y debido a nuestros pecados, estamos hundidos en un exilio más profundo que el exilio en Egipto. Tú sabes que sólo un verdadero líder en el nivel de Moshé Rabeinu puede ayudarnos. Apiádate de nosotros en aras de Tu Nombre. Deja de lado Tu ira e inspira el corazón del verdadero líder con piedad, para que él se compadezca de nosotros, que vuelva su rostro hacia nosotros y acepte la responsabilidad del liderazgo para guiarnos con amor hacia Tu servicio.

Fe, no superstición

Dios misericordioso: llévanos hacia una perfecta y santa fe. Llévanos a tener fe en Ti y en Tus verdaderos Tzadikim con una fe genuina y completa. Sálvanos de las creencias falsas y sin sentido. Líbranos de las falsas creencias y que nunca pongamos nuestra confianza en ninguna forma de superstición. Que nunca sigamos prácticas supersticiosas ni les prestemos atención alguna a tales mentiras primitivas y sin sentido. Que nuestros corazones estén plenos sólo de una sagrada *Emuná* y llévanos hacia una fe pura, clara y perfecta en Ti, HaShem nuestro Dios, y en los verdaderos Tzadikim, en la santa Torá - tanto en la Torá escrita como en la Torá oral - y en todo el santo pueblo judío.

Protégenos de los falsos líderes

Dios misericordioso: protégenos de los líderes falsos y de los crueles administradores que gobiernan a la comunidad no en aras del Cielo sino debido a que desean el honor para sí mismos. Sálvanos de aquellos que se presentan como si estuviesen buscando el bien de la comunidad y como si su deseo de gobernar los asuntos del pueblo estuviese motivado por el altruismo cuando, en verdad, están lejos de ello y no pueden gobernar siquiera sus propias vidas, ni hablar de las de los demás. Ellos no han recibido la grandeza desde el Cielo, en absoluto. Dios misericordioso, protégenos de todos ellos: quiebra su poder y retira su influencia del mundo.

Ayúdame con bondad y sálvanos, a mí, a mis hijos, a mis descendientes y a todo el pueblo judío de ese mal deseo de obtener poder y gobernar las cosas. Protégeme de sentir alguna vez incluso el mínimo deseo de alcanzar posiciones de poder, de liderazgo y preeminencia e incluso de tener el mínimo atisbo de buscarlo. Que nunca corra tras el honor.

Dios misericordioso: ayúdame, en aras de Ti, a volverme a Ti y llegar a un completo arrepentimiento con todo mi corazón. Pon en mi corazón el deseo de hacer lo que Tú deseas. Inclina mi voluntad hacia la sumisión ante Ti. Dame la fuerza sagrada y el poder para conquistar mi voluntad, quebrar mis malos deseos y llevarme sólo hacia el verdadero propósito de la vida. Ayúdame a poner orden en mi vida y a influir sobre muchos otros para que lleven una buena vida, para acercarse a Ti y para que entren en el ámbito de la santidad. Pueda guiarlos hacia una vida de Torá y al servicio Divino que Tú deseas para nosotros.

Dios misericordioso: ayúdame a amar a los verdaderos sabios, a sentir por ellos toda clase de respeto y honor y a sacrificarme por ellos. Dame el poder de silenciar a todos los mentirosos que los desprecian y degradan. Ayúdame a superar a tales personas y a arrojarlas al polvo.

Ten piedad de mí y ayúdame a alcanzar todo lo que Te he pedido, pronto. Llévame rápidamente y con facilidad a mi verdadero destino - el objetivo final del bien eterno. Ayúdame, de ahora en adelante, a nunca hacer aquello que no lleve al verdadero propósito. Pueda pasar todos mis días y años acercándome cada vez más al propósito verdadero y último. Pueda alcanzarlo en esta vida, en este cuerpo, antes de dejar el mundo. Sálvame de tener que ser reencarnado en otro cuerpo, Dios no lo permita, para alcanzar ese propósito. Que pueda lograrlo durante mi vida en este mundo. Dios amoroso y misericordioso: hazlo en aras de Ti y en aras de los verdaderos Tzadikim, no por mí. Otórgame la vida del mundo que viene sin tener que sufrir dolor alguno en el Gueinom o en el juicio de la tumba. Con bondad y amor agráciame con una vida buena y larga - una vida eterna en el mundo de total y eterna bondad.

"Dame vida de acuerdo a Tu bondad y observaré los testimonios de Tu boca. Hazme conocer el sendero de la vida de satisfacción y alegría a la luz de Tu rostro, lo agradable de Tu misericordiosa diestra, por siempre. Que las palabras de mis labios y la meditación de mi corazón encuentren favor delante de Ti, HaShem, mi Roca y mi Redentor".

19

La Lengua Sagrada / Santidad del habla / Temor al Cielo / Superando los deseos corporales / Dormir / Sueños / Emisión en vano / Comer / Shabat

"Tú nos has elegido de entre todas las naciones y exaltado por sobre todas las lenguas". La santidad única del pueblo judío se encuentra en el Pacto de Dios, que requiere que superemos las pasiones físicas que nos separan de Dios, especialmente el deseo de inmoralidad sexual. El instrumento que Dios nos dio para conquistar nuestros deseos es la "Lengua Sagrada". Esto hace referencia primero y principal a la lengua hebrea, a través de la cual Dios trajo a la existencia la creación, al idioma de la Torá y del libro de plegarias. Sin embargo, en un sentido más amplio, este término también se aplica a nuestras propias y privadas plegarias y conversaciones con Dios, en nuestra lengua materna. Cultivar el arte de la plegaria es dominar la Lengua Sagrada. Cuanto más lo hagamos, mayor será nuestra capacidad de enfriar el horno de las pasiones corporales.

Debido al hecho de que Adán comió del Árbol del Conocimiento del Bien y del Mal, vivimos en un mundo en el cual el bien y el mal están mezclados en todas las esferas, incluyendo el lenguaje que utilizamos en nuestros asuntos mundanos. (Esto corresponde al arameo, que fue el idioma vernáculo de los judíos en tiempos antiguos y que es el lenguaje del Targum, la traducción de la Torá). Es muy fácil caer en nuestras conversaciones diarias en la mentira, la calumnia, la vulgaridad, en las palabras vanas, la obscenidad y demás. Sólo cuando refinemos y santifiquemos nuestro lenguaje diario podremos alcanzar un dominio completo de la Lengua Sagrada de la Torá y de la plegaria.

El versículo inicial de la Torá (Génesis 1:1) contiene 28 (*Kaf-Jet*) letras hebreas: éstas son la fuente del *Koaj* -el poder creativo- de las letras hebreas que animan a todo en la creación. Aquel que logra el dominio de la Lengua Sagrada puede despertar ese poder creador y alcanzar un nivel en el que todo su placer al comer y beber, etc., no proviene del alimento y de la bebida material sino de las letras espirituales de la Lengua Sagrada que contienen.

El poder divino es canalizado hacia las letras que animan la creación a través de los 32 nombres de Dios [Elokim] que se encuentran en el relato de la creación (Génesis 1). Esos 32 (*Lamed-Bet*) nombres son, si así pudiera decirse, el corazón (*LeV*) de la creación. Cuando la persona se nutre de las letras que subyacen a la creación física, *su* corazón irradia, brillando en su rostro, el que se vuelve tan puro que las otras personas se ven llevadas al arrepentimiento por el sólo hecho de mirarla.

La relación entre la Lengua Sagrada y el lenguaje cotidiano -el Targum- corresponde a la relación entre el Shabat y los seis días de la semana. Nuestra tarea es santificar los días de la semana llevando hacia ellos el espíritu del Shabat, hasta que toda la creación quede reunificada en su Fuente.

Dios: Abre mis labios y mi boca proclamará Tu alabanza. Abre Tu boca al mudo y ayúdame a ofrecerte mi plegaria en el lenguaje del amor y del ruego, en palabras de una extrema claridad, en la lengua utilizada por los ángeles. Pueda encontrar palabras que despierten Tu verdadero amor por mí. Haz que pueda hablar Contigo en un lenguaje de perfecta santidad - en la Lengua Sagrada.

Señor del Universo. ¡Dios misericordioso! Ayúdame a alcanzar un completo dominio de la Lengua Sagrada, para anular y quebrar todos mis malos instintos y malos rasgos de carácter. Todos ellos derivan de las setenta naciones del mundo, pues todos los bajos impulsos y malos rasgos de carácter realmente les pertenecen a ellas y no a nosotros, especialmente el ardiente horno de la pasión sexual, que me ataca constantemente. Ten piedad de mí y ayúdame a superar este ardiente deseo y a eliminarlo de mí por completo.

Tú elegiste al pueblo judío de entre todas las naciones y nos exaltaste por sobre todas las lenguas. Tú nos diste nuestra porción en la lengua hebrea, la perfecta Lengua Sagrada. Éste es el lenguaje con el cual Tú creaste Tu universo, como está escrito: "Con la palabra de Dios fueron hechos los cielos y con el aliento de Su boca todas sus huestes". A través de Tu profeta Moshé, nos diste Tu santa Torá, que está escrita en hebreo. Ésa fue la lengua con la cual Tú te dirigiste a todos los fieles profetas que hablaron en Tu Nombre con un espíritu sagrado y profético. Con todos ellos Tú hablaste en la Lengua Sagrada, que es "una perfección de belleza, la alegría de toda la tierra".

HaShem, Dios mío y Dios de mis padres: he venido a rogarte. Ten piedad de mí. Que mi alma sea preciosa a Tus ojos. Despierta Tu verdadero amor por mí y otórgame un perfecto dominio de la Lengua Sagrada, para que pueda controlar las malas pasiones y quebrar y eliminar totalmente el deseo sexual. HaShem: Tú sabes que este instinto es nuestra prueba principal y el tropiezo más grande. El único motivo que tuvimos para venir a este mundo fue el ser probados y refinados a través del control de este instinto. Tú quisiste probarnos con ese deseo, para comprobar si podíamos tener la fuerza necesaria para controlar nuestras pasiones, quebrar nuestros apetitos corporales y unirnos de todo corazón a Tu gran Nombre, todos los días de nuestras vidas, para llegar al verdadero bien, para que Tú Te enorgullezcas de nosotros, en todos los mundos, cuando quebremos ese deseo y lo eliminemos de nosotros.

Pero yo he pecado repetidamente y no he tenido cuidado en enfrentar apropiadamente esta prueba. En palabras del rey David (que descanse en paz): "Tú has probado mi corazón, Tú me has probado en la noche, pero no encontraste en mí lo que querías. Si alguna vez pensé en desafiarte para que me probases, no dejaré que tales palabras dejen mi boca". Mi vida y mis años han pasado en el dolor y en el suspiro. Fue sólo debido a esa pasión que me he extraviado de Tus leyes y preceptos. "Cada día los instintos atacan con más fuerza".

A través de los verdaderos Tzadikim de la generación Tú nos has dado un buen consejo sobre cómo no caer en la tentación: sentarnos pasivamente, negarnos a actuar siguiendo nuestras pasiones y no detenernos en los pensamientos de lujuria. Pero yo no he hecho ningún esfuerzo por seguir ese consejo y no me he cuidado de los pensamientos lujuriosos ni de las fantasías vanas.

Aun así, Tú estás pleno de misericordia y Tu amor por mí aún no se ha extinguido. Tú eres la gran fuente de consejo y Tú guías de las maneras más asombrosas. Apiádate de mí y llévame hacia el sendero bueno y verdadero, aquél que realmente pueda seguir - para escapar de este horno ardiente. Sálvame de este enloquecido y malvado impulso. Debido a mis pecados estoy confundido y no sé cómo practicar las sagradas enseñanzas que Tú nos has dado sobre la manera de escapar de ese deseo. Mediante Tus verdaderos Tzadikim nos has revelado que mediante el dominio de la Lengua Sagrada podemos conquistar ese deseo malvado. Pero también nos has enseñado que es imposible alcanzar el dominio de la Lengua Sagrada si no es quebrando la lujuria sexual y observando el Pacto. No sé por dónde comenzar para alcanzar esos sagrados niveles -el dominio de la Lengua Sagrada y el cuidado del Pacto- dado que cada uno depende del otro.

HaShem, mi Dios, te ruego: "Por favor, enséñame Tus caminos" y ayúdame a comprender qué sendero debo seguir para alcanzar el dominio de la Lengua Sagrada y el cuidado del Pacto, para poder acercarme genuinamente a Ti. Tú sabes que es imposible acercarse a Ti si no se quiebra por completo ese instinto, que es el mal global de las setenta naciones. Como judíos, miembros de la nación santa, estamos en nuestra raíz totalmente alejados de ese mal deseo. No tenemos conexión alguna con él. Es la porción de ellos y no la nuestra.

Señor del Universo, protege Tu honor. Mira cuán bajo hemos caído y cuán despreciados somos. Hemos caído en el exilio entre las setenta naciones debido a ese malvado deseo. Ello ha sido la causa de todos los problemas y exilios colectivos e individuales, que hemos sufrido hasta ahora y aún no hemos sido salvados. Es verdad: nosotros mismos somos bien conscientes de que ese enloquecido deseo ha sido la causa de nuestros problemas, pero aun así no nos hemos cuidado ni hecho el esfuerzo de eliminarlo. Pero Tú sabes que sólo somos de carne y sangre. Tú conoces nuestro mal impulso: somos criaturas físicas. "Fui concebido en trasgresión y mi madre llevada por el pecado".

Pero Tú eres todopoderoso y posees la fuerza para salvarnos. Todos los caminos y todos los medios están bajo Tu gobierno y tienes el poder de llevar las cosas en la dirección que desees. "El poder y la fuerza están en Tu mano y está en Tu mano el hacer a alguien grande y fuerte". Tú puedes encontrar los puntos buenos incluso en mí y tienes el poder de hacerlos brillar, hasta que el bien en mí llegue a ser lo suficientemente fuerte como para superar el mal y hacer que se desmorone y desaparezca todo lo malo que se aferra a mí. El bien podrá ser refinado y elevado, permitiéndome desarrollar el poder del habla a la perfección y dominar la Lengua Sagrada.

El lenguaje cotidiano

Entonces seré capaz de separar el bien que se encuentra en el "Árbol del Conocimiento del Bien y del Mal" -es decir en la lengua vernácula de las conversaciones cotidianas- y superar y eliminar todo el mal que contiene. Las fuerzas del mal y las cáscaras, que derivan de la serpiente primordial, perderán así la capacidad de entrar a través de mis conversaciones cotidianas para tentarme y extraviarme, Dios no lo permita. Ayúdame en todo momento: inspírame con la sagrada sabiduría, conocimiento y comprensión, para destruir el poder que tienen para tentarme y ayúdame así a eliminar de mí este insistente deseo.

Pueda desarrollar a la perfección el poder del habla sagrada -la Lengua Sagrada- purificando el idioma que utilice en mi vida diaria. Envíame un espíritu de santidad y pureza para que siempre pueda santificar mi habla y nunca decir algo impropio. Que sólo diga palabras de Torá, de plegaria, de ruegos y pedidos, y que sólo hable sobre la devoción a Dios y otros tópicos sagrados que elevan y santifican la lengua. Dame un completo dominio de la Lengua Sagrada, pronto y llévame al verdadero cuidado del Pacto.

Temor al Cielo

Dios santo y tremendo: por favor ayúdame a alcanzar un perfecto temor al Cielo y a temerte siempre y reverenciarte con todo mi corazón, para cumplir con el mandamiento de "teme al Señor tu Dios". Y con ello ayúdame a refinar y purificar mi habla hasta santificarme en todo lo que diga y alcanzar un completo dominio de la Lengua Sagrada - pues Tus santos Sabios nos han informado que "el temor a HaShem, Su precioso tesoro" es la clave para poder santificar el habla.

Señor del Universo: Tú nos has enseñado que la raíz de toda la vergüenza y el desprecio que sufre la gente es la inmoralidad sexual, que es la peor vergüenza de todas, como dijeron nuestros Sabios: "Donde hay desnudez hay vergüenza". Apiádate de mí y ayúdame a escapar de esta vergüenza y deshonra, al menos desde ahora en adelante.

Pueda conducirme con respeto y santidad y alcanzar un perfecto dominio de la Lengua Sagrada, para elevar y magnificar Tu gloria a través de expresarme siempre en un lenguaje de perfecta santidad.

Dios misericordioso: otórgame el que pueda enfriar el ardor de mis deseos físicos diciendo palabras de santidad, como está escrito: "Mi corazón arde dentro de mí, mi jadeo es un fuego ardiente. Yo hablo con mi lengua". Ayúdame a decir las palabras sagradas de Torá y de plegaria con una pasión ardiente y de todo corazón. Pueda despertar las llamas del fuego Divino enraizado en mi *nefesh, rúaj* y *neshamá*, ardiendo por acercarme a Dios, hasta ser capaz de dedicarme constantemente a la Torá, a la devoción, a las plegarias, a las súplicas, a los ruegos, a las canciones y a las alabanzas a Dios, con un fuego que surja de la profundidad del corazón en santidad y pureza.

Que mis palabras ardan con un fuego llameante. Que sean como carbones encendidos y que surjan con temor Divino. Pueda coronarte Rey sobre mis 248 miembros y 365 tendones en temor y temblor, hasta que todas las palabras que fluyan de mi boca sean palabras de perfecta santidad; para que el calor de mis pasiones físicas sea enfriado por las palabras de la Lengua Sagrada. Pueda yo quemar y destruir, mediante el santo fuego de la Lengua Sagrada, todo el fuego maligno del ardiente horno de las setenta estrellas -el calor de la pasión sexual- para que este malvado deseo sea eliminado por completo de mí, desde ahora y para siempre.

Cumple con el versículo: "Del fuego provienen y con el fuego serán consumidos". "La mentira de sus propias bocas cubrirá la cabeza de aquellos que me rodean y complotan contra mí. Carbones ardientes caerán sobre ellos; con fuego serán arrojados hacia las profundidades para que no vuelvan a levantarse". Pueda yo ser santo y estar completamente separado del deseo. Llévame a un nivel en el que no sienta necesidad alguna y que mi sola motivación sea en aras de concebir hijos en verdadera santidad y pureza de acuerdo con Tu voluntad.

El dormir y los sueños

Dios misericordioso: sálvame de los malos pensamientos y de los malos sueños y que mi cama sea un lugar de perfecta santidad. Ayúdame a dormir sólo el mínimo necesario para la salud de mi cuerpo y que incluso ello sea en santidad y pureza. Que mi dormir sea dulce. Que al irme a dormir tenga pensamientos de Torá y sentimientos de alegría. Pueda recitar el *Shemá* junto a la cama con gran santidad y entrega, con una profunda concentración e intensidad, para aniquilar todos los espíritus impuros y destructores y todas las fuerzas no santas.

Que mi *nefesh*, mi *rúaj* y mi *neshamá* se junten en unidad con todas las almas santas del pueblo judío. Que al dormir mi alma ascienda con ellas hacia Ti y que sólo sea entregada en Tu mano, como está escrito: "En Tu mano entrego mi espíritu: Tú me has redimido, HaShem, Dios de verdad". Dios misericordioso: elimina todos los malos espíritus y fuerzas no santas que desean atrapar mi alma. Ten misericordia de mi pobre alma y ayúdala a ascender hacia Ti en paz cuando yo esté durmiendo y hazla retornar en paz a mi cuerpo cuando despierte. Pueda disfrutar de un sueño bueno, dulce y santo - un sueño de *vida*. Envíame sueños buenos, verdaderos y santos a través de ángeles santos y sálvame de los sueños falsos, malos y confusos causados por los espíritus no santos.

Dios bueno y misericordioso: cuídame y sálvame de la emisión en vano por la noche. Que nunca tenga una emisión en vano ni de día ni de noche. Que siempre duerma en santidad y pureza: pueda recostarme para descansar en bondad y pureza y despertar a Tu amor.

Padre, amoroso y misericordioso: Tú te ocupas de nosotros desde lejos, planificando todo para nuestro beneficio final. Apiádate de nosotros y de nuestros pequeños y sálvanos a mí y a todo el pueblo judío de las emisiones en vano. Tú conoces el terrible daño que esto produce en todos los mundos, hasta en el más elevado. Debido a ello nuestra ciudad ha sido destruida, nuestro Santo Templo ha quedado desolado, la gloria fue retirada de la Casa de nuestra vida y hemos sido exilados de la tierra, dispersados entre las naciones y desparramados en los cuatro rincones de la tierra.

Ten piedad del remanente de Tu pueblo, la Casa de Israel. Ten piedad de Tu pobre y diseminado rebaño - porque no hay nadie que nos reúna. Dios misericordioso: apiádate de nosotros. Dios bueno y benefactor, haznos triunfar cuando Te buscamos. Retorna a nosotros en amor, en aras de los patriarcas que llevaron a cabo Tu voluntad. Di "¡Suficiente!" a nuestros problemas. Dios misericordioso: purifícanos, guárdanos y sálvanos de las emisiones nocturnas de ahora en adelante y guárdanos con vida y paz, cuando salgamos y cuando retornemos, de ahora y para siempre. Protégenos de todo mal. Que nunca tengamos malos pensamientos durante el día para no llegar a la impureza durante la noche, Dios no lo permita. Que todos nuestros pensamientos sean puros y santos constantemente.

Comer

Dios misericordioso: haz que pueda comer en santidad y pureza, sin ningún deseo físico. Dame el poder de despertar la luz de las veintiocho letras sagradas de la creación que están investidas en todas las cosas del mundo, hasta que todo mi disfrute de aquello que coma o beba provenga sólo de la luz de las santas letras contenidas en ello. Con esto, otórgame un buen corazón: que mi corazón irradie con gran santidad debido al disfrutar y ser nutrido sólo por la luz de las letras que produjeron el acto de la creación y están contenidas en todas las cosas.

Ayúdame a tener cuidado y no beneficiarme de este mundo sin decir una bendición. Haz que pueda recitar las bendiciones apropiadas antes y después de todo lo que coma y beba, con intensa concentración y con la sola intención de bendecir Tu grande y Santo Nombre en santidad y pureza. Que todas mis bendiciones y agradecimientos, canciones y alabanzas fluyan en palabras de perfecta santidad - palabras en la Lengua Sagrada complementadas y completadas por el lenguaje de la conversación diaria.

Que pueda despertar el poder de los treinta y dos nombres de Dios que aparecen en el relato de la creación y que son la fuerza que subyace en todas las obras Divinas, la fuerza que les da poder a las letras investidas en la creación del mundo. Con ellas Tú creaste todo el mundo de acuerdo a Tu voluntad, desde lo más grande hasta lo más pequeño. Tú creaste todo con su propia y única apariencia, sabor y forma, correspondientes a las letras de la santa Torá que pusiste en ello de acuerdo a Tu voluntad, tal cual estuvo sopesado, medido y determinado en Tu santa sabiduría. "Cuántas son Tus obras, HaShem, Tú las has hecho a todas con sabiduría, el mundo entero está lleno de Tus posesiones". "Y ahora, que el poder de mi Señor sea magnificado, tal como Tú *hablaste* diciendo...".

En aras de Ti, en aras de Tu gloria y en aras de Tus santas letras investidas en todas las cosas, dame el poder de despertar siempre las letras de la creación ocultas en todas las cosas. No permitas que siga tras la tozudez de mi corazón. Pueda reducir mis deseos materiales a un mínimo y no sentir ansia física por nada del mundo. Que todo mi disfrute de la comida, de la bebida y de los placeres sólo provenga del brillo de las letras que contienen y no de la gratificación de los deseos corporales.

Envía bendiciones a mi alimento y que pueda sentirme genuinamente satisfecho. Que pueda sentir satisfacción física incluso después de comer muy poco. Que mi satisfacción provenga del brillo de las santas letras contenidas en lo que coma y beba en santidad y pureza; y cumple conmigo el versículo: "Y comerán y estarán satisfechos y alabarán el Nombre de HaShem, tu Dios, que ha hecho maravillas para ustedes y Mi pueblo nunca será avergonzado".

Que mediante el comer y el beber en santidad mi corazón brille con bondad y alegría y que ese brillo ilumine mi rostro con santidad y regocijo hasta que mi rostro sea constantemente iluminado por la luz del rostro de HaShem. Cumple en mí y en mis descendientes el versículo: "Ésta es la generación de aquellos que Lo buscan a Él, buscando Tu rostro, Iaacov, selá". Que mi rostro brille al punto en que pueda hacer que la gente vuelva en completo arrepentimiento por el sólo hecho de contemplarlo. Que mi rostro brille con la luz del rostro de Dios como un refulgente espejo que las personas puedan mirar y en el cual puedan verse y comprender cómo sus propios rostros están hundidos en la oscuridad: que puedan ser inspiradas y llevadas a renovar su juventud como el águila y retornar a Ti en una teshuvá verdadera y perfecta.

Dios bueno y misericordioso: Otórgame el que pueda acercarme al verdadero Tzadik de esta generación y oír la Torá del Dios Vivo directamente de su santa boca, tal como él la oye de Tu boca a través del mérito de sus buenas acciones. Inspírame con el temor al Cielo - temor a Tu suprema grandeza. Pueda oír las santas palabras que provienen de los labios del verdadero Tzadik con reverencia y temor, para que también yo pueda recibir todo el beneficio de la Lengua Sagrada.

Haz que pueda observar verdaderamente el Pacto con gran santidad, como corresponde a un miembro de Tu pueblo elegido, Israel. Ten gracia conmigo y otórgame el que pueda expiar por todos los pecados y trasgresiones de mi vida. Que pueda reparar todo el mal que he hecho desde mis primeros años hasta hoy, incluyendo los pecados que he cometido sin saber o bajo compulsión. Pueda rectificar todo en mi vida rápida y fácilmente y de hoy en adelante acercarme genuinamente a Ti en santidad y pureza, obtener un perfecto dominio de la Lengua Sagrada y observar con fidelidad el santo Pacto

Shabat

HaShem, Dios mío y Dios de mis padres. Dios de amor y de favor: Ayúdame a que pueda celebrar un Shabat con tremenda alegría y deleite, con temor y amor. Pueda tomar una parte activa en llevar a cabo los preparativos para el Shabat y hacer todo con entusiasmo y energía. Ayúdame

298 / El Portal de la Plegaria

a mantenerme siempre al día con el estudio de la lectura semanal de la Torá: pueda leer la porción de la Torá de la semana cada viernes, dos veces en hebreo y una vez en el Targum arameo, con total concentración, en santidad y pureza y así llegar a obtener un perfecto dominio de la Lengua Sagrada a través del lenguaje de Targum.

Que pueda traer la santidad del Shabat sobre mí al bañarme con agua caliente y sumergirme en la mikve en la víspera del Shabat. Ayúdame a nunca dejar de bañarme y de sumergirme antes del Shabat. Y así como me baño y me sumerjo en este mundo, de la misma manera purifica y santifica mi cuerpo, mi *nefesh*, mi *rúaj* y mi *neshamá* con Tu suprema santidad. Haz descender llamas del santo y Divino fuego que arde arriba y que destruye todos los fuegos, para quemar y destruir todo el mal que se ha aferrado a mí personalmente y al pueblo judío en su totalidad como resultado de haber comido del fruto del Árbol del Conocimiento del Bien y del Mal y de todos nuestros pecados y transgresiones. Que todo el mal que se ha aferrado a nosotros sea quemado y destruido y que el bien sea purificado para ascender y unificarse con el bien Supremo - Tu gran bondad que durará por siempre.

Por favor, HaShem: Tú sabes que, por mí mismo, no tengo el poder de hacer que descienda sobre mí la santidad del Shabat. Apiádate de mí y despierta Tu amor por mí. Tú sabes cuán lejos estoy de experimentar la verdadera santidad del Shabat. Sé bueno conmigo y otórgame la verdadera santidad del Shabat como un don gratuito. Pueda agregar al Shabat en su comienzo y en su final, ayúdame a llevar la santidad del Shabat hacia los otros días de la semana, hasta que los seis días de la semana tengan la pureza y la santidad del Shabat. Que los seis días de la semana se reúnan con su fuerza vital - el Shabat, que les da vida y sustento a los otros seis días de la semana, a todas las diferentes criaturas de todas clases en todo nivel, espiritual y físico y a todos los mundos, desde el primer punto del cual emana la creación hasta el punto central del mundo material. Toda su vida y sustento provienen del Shabat.

Señor del Universo: en Tu amor y bondad Tú nos diste este buen regalo llamado Shabat que estaba oculto en Tu tesoro. He venido por lo tanto a derramar mi plegaria y a rogar y pedirte, HaShem, mi Dios y Dios de mis padres: así como Tú nos diste este regalo bueno y santo con un amor y misericordia tan avasallantes, de la misma manera haz descender sobre mí la bondad; inspírame y ayúdame a recibir este regalo bueno y sagrado y así celebrar el Shabat con extrema santidad, alegría y deleite. Inspírame con la santidad del Shabat constantemente para que pueda quebrar y destruir el mal que se ha aferrado a mí y separar y elevar el bien que hay en mí mediante el dominio de la Lengua Sagrada, al refinar el lenguaje de la conversación diaria. Llévame a la verdadera santidad el Pacto y pueda retornar a Ti con todo mi corazón y elevarme constantemente de nivel en nivel, con una santidad cada vez mayor, tal como Tú lo deseas, hasta que pueda ascender y quedar unido en el supremo Shabat y Tú me otorgues con misericordia el día que es todo Shabat, descanso y vida eterna.

Que las palabras de mi boca y la meditación de mi corazón encuentren favor delante de Ti, HaShem, mi Roca y mi Redentor.

.

20

*La Tierra de Israel / Avanzando
espiritualmente de nivel en nivel /
Plegaria ferviente y apasionada / Ideas
originales de Torá / El Pacto - Pureza /
Daat - Conciencia espiritual y apego a
Dios / Pesaj / Superando los obstáculos y
las barreras*

La esencia de ser judío es hacer un constante esfuerzo por avanzar de un nivel espiritual al siguiente. Esto sólo es posible a través de la santidad de Eretz Israel - la Tierra de Israel. Sin embargo Eretz Israel es una de las cosas que se obtienen sólo a través del sufrimiento (*Berajot* 5a). El sufrimiento principal es causado por aquellos que calumnian a la tierra. La calumnia de los Diez Espías (Números 13:27-33) es el prototipo de todas las mentiras maliciosas y de las falsas ideas difundidas por los oponentes de los Tzadikim y del sendero de la Torá en general. Estas mentiras crean las barreras más grandes que confrontan a aquellos que tratan de entrar y seguir la senda espiritual.

El poder para quebrar esas barreras y superar a quienes calumnian deriva de las ideas originales de Torá -*jidushei Torá*- desarrolladas tanto por nosotros como y especialmente por los verdaderos Tzadikim. La única manera de alcanzar una verdadera comprensión es derramando nuestros corazones en una plegaria ferviente y rogando a Dios hasta despertar el

"Corazón Supremo", que es la fuente última de todas las ideas de Torá. Para acercarse a Dios ni siquiera el Tzadik y Sabio más notable puede apoyarse en sus propios méritos: debe rogar a Dios por esas ideas como un don gratuito. Las ideas espirituales y la conexión con Dios -*daat*- deben fundamentarse en una perfecta observancia del Pacto, que implica la pureza moral en los pensamientos, sentimientos, en el habla y en las acciones.

Las palabras de las enseñanzas originales de Torá crean ángeles santos que tienen el poder de tomar la "espada del castigo" de manos de Edom, a quien se le ha confiado, y con ella aplastar a aquellos que calumnian la tierra y crean barreras para quienes desean seguir la senda espiritual. Sin embargo el exilio debilita el poder de la santidad haciendo imposible recibir la espada de Edom para empuñarla nosotros; la única manera de anular a los calumniadores es llevarlos a la justicia bajo las leyes de las naciones del mundo.

"**C**lamé a Dios desde la estrechez: Dios me respondió con amplitud. Desde los confines de la tierra clamo a Ti cuando desfallece mi corazón: llévame hacia la roca que es demasiado elevada para mí".

Eretz Israel

¡Ten misericordia de mí! Despierta Tu gran amor y bondad por mí y ayúdame a ir pronto a la Tierra Santa. Eretz Israel es la fuente misma de nuestra santidad, como Tú sabes, HaShem. Toda nuestra santidad, nuestra pureza y nuestra misma identidad como judíos dependen de Israel. Es imposible ser un verdadero judío y elevarse espiritualmente de un nivel a otro si no es a través de Eretz Israel, el lugar de nuestra santidad, la tierra que Tú elegiste de entre todas las otras tierras y que se la diste como herencia a Tu pueblo Israel, la nación elegida entre todas las naciones - la tierra que Tú cuidas constantemente, como está escrito: "Una tierra que HaShem tu Dios cuida; los ojos de HaShem tu Dios están sobre ella constantemente desde el comienzo del año hasta el final del año".

Tú sabes de los terribles obstáculos, barreras y distracciones que nos previenen e impiden alcanzar Eretz Israel. Nuestros días y años se han malgastados en el exilio. Hemos sido desterrados de la tierra de los vivos, la Tierra Santa. No hemos podido unirnos a la porción de Dios, que es la fuente de nuestra misma vida y el largo de nuestros días y de habitar en la tierra que HaShem nos ha dado.

Señor del Universo, Dios misericordioso: ten piedad

de nosotros. Abre nuestros corazones, los corazones de nuestros hijos y de todo Tu pueblo, la Casa de Israel y llénanos del más poderoso anhelo y deseo por Eretz Israel. Que constantemente anhelemos y añoremos ir a la Tierra, hasta que Tú nos lleves pronto, para que realmente nos inspiremos a servirte y temerte.

Dios misericordioso: ten piedad de nosotros. No permitas que malgastemos nuestros días en el exilio. Tú sabes de nuestro sufrimiento y debilidad en estos tiempos. Nos es imposible quebrar las tremendas barreras que nos separan de Eretz Israel. No tenemos fuerza alguna para romper los miles y miles de obstáculos y barreras, si no es mediante Tu poder y misericordia. No tenemos en quien apoyarnos excepto en Ti, nuestro Padre en el Cielo. Ten piedad de Tu pueblo y llévanos a Eretz Israel, pronto y fácilmente. Danos la fuerza para ganar la guerra y quebrar, expulsar y anular a todos aquellos que dicen cosas malas de la tierra, creando toda clase de obstáculos para impedirnos llegar allí. Ayúdanos a quebrar y a destruir todas las barreras y llegar a Eretz Israel en paz, rápida y fácilmente.

Palabras ardientes como carbones encendidos

Dios amoroso: inspírame y abre mi corazón hasta que pueda orarte con todo mi corazón y con toda mi alma. Que pueda derramar como agua mi corazón ante Ti y expresar constantemente mis sentimientos más profundos, ofreciéndote plegarias con perfecta sinceridad, rogando y suplicando hasta que se conmueva Tu amor por mí y se despierte Tu compasión y me envíes palabras ardientes como carbones encendidos provenientes del Corazón Supremo, como está escrito: "Mi corazón arde dentro de mí, con un fuego ardiente hablo con mi lengua".

Que siempre pueda orar con un sagrado fervor y pasión y que todas mis palabras sean como carbones encendidos. Y con ello ayúdame a traer enseñanzas de Torá desde el Corazón Supremo. Que constantemente desarrolle nuevas ideas e interpretaciones de Torá - ideas verdaderas y santas que puedan despertar el deleite y el favor delante de Tu Trono de Gloria, ideas de las cuales Tú te enorgullezcas en todos los mundos.

Señor del Mundo, Señor del Universo entero, Señor de Todo: Tú conoces la preciosa belleza de mi alma santa en su raíz. Tan santa es mi alma en su raíz que yo debiera estar constantemente inspirado con nuevas ideas e interpretaciones de Torá. Para ello fui creado. Pero debido a mis muchos pecados me he alejado tanto de Ti que me es difícil incluso pedirte que me ayudes en esto. Mi rostro está cubierto con un velo de vergüenza que me impide incluso orar para ser capaz de desarrollar nuevas ideas de Torá.

El Pacto: Fundamento de la Conciencia Espiritual

No sé qué es lo que debo pedir primero. He dañado tanto mi mente con pensamientos y comportamientos inmorales que no sé por dónde comenzar a pedirte que me ayudes. ¿Debería pedirte que me ayudes a enmendar mi pasado y todo el daño que he hecho desde mis primeros días hasta hoy, con mis pensamientos, palabras y acciones, con mis ojos, mis oídos y otros sentidos, de manera deliberada o a través del descuido, voluntariamente o bajo coerción? ¿O debería orarte por el futuro - para que nunca vuelva a hacer más daños desde ahora en adelante, ni siquiera en el pensamiento?

Dios misericordioso: ten piedad de uno lleno de vergüenza y de turbación, de un corazón retorcido y terco. Tú conoces las extremas dificultades que me confrontan. Estoy rodeado de trampas, por todos lados y no tengo idea de cómo escapar de ellas. No puedo siquiera clamar a Ti, pues ya no tengo palabras ni voz. He dañado mi voz, el poder de cada uno de mis 248 miembros y 365 tendones. He corrompido todos los senderos de la sabiduría y de la santidad y no tengo idea de cómo llegar verdadera y genuinamente cerca de Ti.

Pero Tu compasión aún no se ha agotado y yo confío en el poder de los santos ancianos, los verdaderos Tzadikim, de quienes depende todo el pueblo judío. Sólo en su poder nos apoyamos, sabiendo que ellos tienen la capacidad de liberar a todo el pueblo judío del dominio de las fuerzas no santas y de llevarlo hacia la santidad.

He venido por lo tanto delante de Ti, HaShem mi Dios y Dios de mis padres, con un corazón quebrado y aplastado, con un corazón desgarrado, suspirando, pidiendo y rogando como un mendigo a la puerta, humilde y empobrecido, extendiendo mis manos y elevando mis ojos al Cielo como los ojos del siervo puestos en las manos de su amo, como los ojos de un rebelde culpable buscando aplacar a su señor, pidiendo, rogando y suplicando por un regalo de pura bondad.

¡Apiádate de mí! ¡Sé bueno conmigo! Lléname de la sabiduría y de la conciencia espiritual revelada por los santos ancianos y ayúdame a mantenerme lejos de toda clase de pensamientos o comportamientos inmorales. Dios misericordioso: cuídame y sálvame de los malos pensamientos y sentimientos y de todo aquello que aleja de las percepciones espirituales y de la conciencia. Ayúdame a enmendar toda mi inmoralidad hasta ahora, para que pueda observar plenamente el Pacto como Tú lo deseas.

HaShem, ayúdame: dame la capacidad de elevar la voz en santidad para que el sonido de mi propia voz pueda despertar mi poder de concentración y ser capaz de desarrollar la conciencia espiritual y percepción con plenitud. Por favor, HaShem, apiádate de mí y ayúdame a observar plenamente el Pacto en santidad y pureza, pues éste es el fundamento de la verdadera conciencia y percepción espiritual.

Tú sacaste a nuestros ancestros del exilio físico y espiritual en Egipto. Tú los liberaste de las Cincuenta Puertas de la Impureza, de la inmoralidad y la corrupta mentalidad que eran la esencia del exilio en Egipto. Tú los llevaste hacia las Cincuenta Puertas de Santidad, ayudándolos a observar plenamente el Pacto y alcanzar la conciencia espiritual y la sabiduría. Tú les diste Tu Santa Torá y los llevaste a la Tierra de Israel.

De la misma manera, haz grandes y tremendos milagros y maravillas para nosotros. Libéranos de este amargo exilio físico y espiritual, de este exilio del cuerpo y del alma. Libéranos rápidamente de las Cincuenta Puertas de la Impureza. Redímenos y sálvanos de toda clase de inmoralidad y de toda idea y actitud corrupta y llévanos rápidamente hacia las Cincuenta Puertas de Santidad. Dios misericordioso: ayúdanos a cuidar plenamente el Pacto y alcanzar una genuina conciencia y percepción espiritual, como le corresponde al pueblo judío. Cumple en nosotros el versículo: "Como en los días de tu salir de la tierra de Egipto, Yo te mostraré maravillas".

Pesaj

Ayúdame a celebrar la sagrada festividad de Pesaj con extrema santidad, alegría y deleite. Que pueda cumplir con la mitzvá de las cuatro copas de vino en Pesaj, con todos sus detalles y con la mayor santidad y pureza. Abre para mí la luz de la conciencia Divina e inspírame con la sagrada luz de la Sabiduría Suprema, para que sea capaz de experimentar todos los niveles de percepción y de conciencia espiritual que irradian en Pesaj, "la conciencia expandida" y la "conciencia restringida".

Ayúdame a conducir el *Seder* de Pesaj de la manera apropiada y con gran santidad. Ayúdame a recitar la *Hagadá* en voz alta con una intensa concentración, con extrema alegría y deleite, con fervor y pasión, en santidad y pureza, hasta que mi voz despierte mis poderes de concentración y pueda llegar a observar el Pacto a la perfección, alcanzando una genuina conciencia y percepción espiritual y ser capaz así de desarrollar ideas verdaderas y originales de Torá.

Ideas de Torá

Que siempre pueda orarte y rogarte hasta que las palabras surjan de mí ardientes como carbones encendidos. Que al orar pueda unirme con las almas de Israel, para que mi plegaria sea una plegaria colectiva que Tú no rechaces, pues "Aunque Dios es poderoso, Él no desprecia [al débil]". Que mis plegarias puedan generar un tremendo aumento de santidad en los ámbitos superiores, para traer ideas y explicaciones de Torá desde el Corazón Supremo, donde están todas escritas.

Ayúdame a seguir el sendero de la Torá y a cumplir

con las enseñanzas de nuestros Sabios de bendita memoria, quienes nos revelaron que el camino de la Torá es "comer pan con sal y beber agua en medida". Que pueda trabajar constantemente en la Torá y traer explicaciones de Torá desde el alma santa que sufre amargamente debido al exilio de la Torá - el alma que es la fuente de todas las ideas originales y explicaciones de Torá. Que mediante mis plegarias y súplicas traiga de allí explicaciones de Torá hasta que pueda desarrollar constantemente ideas originales de Torá, verdaderas y santas, derivadas de las Trece Perfecciones de la Sagrada Barba, es decir, las Trece Reglas para la Interpretación de la Torá.

Cuídame y protégeme de toda clase de conflicto y disputa y sálvame, a mí y a todo el pueblo judío del odio infundado. Pon en los corazones de todos nuestros oponentes el arrepentirse y abandonar su odio y oposición. Vuelve sus corazones hacia la verdad y que nunca más deba sufrir de una oposición gratuita. Que la paz habite entre tu pueblo Israel, por siempre.

Revelaciones de Torá del verdadero Tzadik-Sabio

Señor del Universo: otórgame el que pueda acercarme al verdadero Tzadik y Sabio de esta generación - el anciano que se sienta en la asamblea de los eruditos y enseña públicamente. Quien trae constantemente nuevas y verdaderas ideas de Torá provenientes del Corazón Supremo, llevando a cabo todas las preparaciones necesarias: uniéndose antes del discurso con todas las almas de los que están presentes y que han venido a oír la palabra de Dios, y derramando su corazón como agua delante de Dios al unirse con sus almas. En sus plegarias sólo se apoya en los ruegos y súplicas.

310 / El Portal de la Plegaria

Él tiene ciertamente la capacidad de esgrimir la "vara de poder" mediante la tremenda fuerza y mérito que posee como resultado de sus mitzvot, de sus buenas acciones y de su constante, amoroso, ferviente, celoso y apasionado servicio a Dios. Aun así, el único uso que hace de esa "vara de poder" es para aplastar el mal en la comunidad y liberarla del poder de las fuerzas no santas y hacer que pueda entrar en el ámbito de la santidad. Pero delante de Dios se para en plegaria como un pobre mendigo sin apoyarse en sus méritos, en absoluto. Sólo ruega y suplica, uniéndose a las almas de sus oyentes para que su plegaria sea una plegaria comunal, que no es rechazada, como está escrito: "Aunque Dios es poderoso, Él no desprecia [al débil]". Una plegaria como esa, que de hecho es una plegaria comunal, produce un gran aumento de santidad adicional arriba, mediante lo cual el Corazón Supremo hace descender más que nunca ideas originales de Torá.

Señor del Universo: otórgame el que también yo pueda ser parte de la santa congregación de aquellos que se han reunido para oír ideas originales de Torá provenientes de los labios del sabio y anciano sentado en tal asamblea. No sólo el mal en mí será aplastado y eliminado mediante el bien que se encuentra en el sabio que está enseñando sino que también yo seré parte de las enseñanzas originales de Torá que haga descender, dado que en su plegaria antes del discurso él se une con las almas de sus oyentes y mi alma estará incluida entonces entre ellos. De esta manera también yo tendré parte en la santidad adicional generada arriba a través de la plegaria de ese sabio. Pues Tú nos has revelado que cuanto más grande sea el número de almas con las cuales esté unida la plegaria, mayor será la santidad arriba, como está escrito: "Y Tú eres santo, entronizado sobre las alabanzas de Israel". Esto despierta el Corazón

Supremo que hace descender más que nunca enseñanzas de Torá.

Señor del Universo, ten piedad de mí y haz que pueda alcanzar todo lo que Te he pedido. Pueda acercarme al anciano sentado en la asamblea de los eruditos, trabajando para hacer que desciendan nuevas ideas de Torá a través de todas las asombrosas preparaciones que ello requiere, para que también yo pueda fluir con palabras apasionadas de santidad y alcanzar verdaderas y originales ideas de Torá.

Que los ángeles santos luchen contra los enemigos de la verdad

Que cada palabra de las ideas originales de Torá que me llegue en santidad y pureza genere ángeles santos que se unan con los ángeles que constantemente están siendo creados a través de las enseñanzas de Torá de los verdaderos Tzadikim. Que todos esos ángeles reciban la fuerza de Edom, quien está a cargo de la espada utilizada para castigar a los malvados, para vencer, aplastar y destruir a todos aquellos que hablan mal de la tierra. Éstas son las personas que generan todos los obstáculos y barreras que nos impiden llegar a Eretz Israel. Para debilitar sus corazones, y que no tengan fuerza alguna para impedirnos llegar a Eretz Israel o alcanzar cualquier otro objetivo sagrado.

Dios misericordioso, apiádate de nosotros y danos la fuerza para conquistar, quebrar y destruir a todos aquellos que nos atacan constantemente intentando alejarnos de la santidad, tratando de dominarnos y de distraernos de servirte verdaderamente. Señor del Universo: Tú sabes lo que hay en sus corazones. Apiádate de nosotros, Dios misericordioso. Ayúdanos y sálvanos de ellos. Quiebra su fuerza y elimina completamente el poder que tienen para retenernos e impedir nuestros objetivos sagrados. Haz que les sea imposible distraernos de todo aquello que es sagrado.

Ayúdame y ayuda a todos aquellos judíos que desean servirte para que podamos acercarnos genuinamente a Ti. Danos el poder para vencer a esos malvados enemigos de la verdad, que quieren impedirnos servirte verdaderamente. Danos el poder para despertar el juicio de las naciones en su contra, para que sean juzgados y humillados bajo sus leyes. Otórganos éxito en hacer que sean llevados ante la justicia y que todos aquellos que se oponen a los senderos de la verdadera santidad resulten culpables en sus juicios. Podamos arrojarlos al polvo a través de las leyes de las naciones, para extraer la presa de sus bocas.

Tú conoces nuestros corazones. Tú sabes que nuestra única intención es para bien - para establecer la sagrada religión sobre su firme cimiento y poder así seguir el sendero de la santidad, el sendero del Rey del Universo. No tenemos poder alguno para castigar a los malvados excepto bajo las leyes de las naciones. Apiádate de nosotros y de todos los judíos que son celosos del Señor de las Huestes y buscan justicia, esforzándose en hacer que los malvados oponentes de la verdad sean juzgados y vencidos bajo las leyes de las naciones. Danos fuerza y ayúdanos a tener éxito en los juicios en su contra, para que podamos hacerlos caer, quebrarlos y molerlos como polvo. Que todos ellos se inclinen y caigan en sus juicios - que nunca vuelvan a levantarse. Que nunca más tengan el mínimo poder para retenernos o distraernos, de la manera que sea, de servir al Creador, bendito sea Su Nombre.

Que podamos así elevar la Justicia sagrada de su exilio entre las fuerzas del mal. Dios misericordioso, ayúdanos e impide que vuelvan a abrir sus bocas para hablar con arrogancia en contra del verdadero Tzadik y de los judíos genuinamente piadosos. Cierra sus bocas e impide que difundan calumnias entre el pueblo, para no desmoralizarlo, Dios no lo permita. Pues "serán cerradas las bocas de los mentirosos". Ayúdanos a quebrar y a retirar todos los obstáculos y barreras que nos impiden llegar a Eretz Israel y llevar a cabo todos los otros objetivos santos, y permite que vayamos a Eretz Israel pronto y acercarnos genuinamente a Ti.

Señor del Universo, Tú conoces nuestra debilidad en este momento. Carecemos absolutamente de poder para quebrar a aquellos que nos impiden llegar a Eretz Israel y llevar a cabo todos los otros objetivos sagrados a través de los métodos que he mencionado. Sólo confiamos en Tu gran Nombre y nos apoyamos enteramente en Tu misericordia. Ayúdanos y sálvanos en Tu bondadosa misericordia y compasión, en el mérito y poder de los verdaderos Tzadikim quienes lograron quebrar todas las barreras y alcanzaron Eretz Israel. Solamente me apoyo en su mérito y en su fuerza y coloco mis esperanzas en Tu gran compasión: otórgame la posibilidad de viajar a Israel pronto, aunque no sea digno siquiera de mencionar con mis labios el nombre de la santa Tierra de Israel y esté tan alejado de la santidad de Eretz Israel.

Aun así, Tú les demuestras favor incluso a aquellos que están muy lejos. ¡Apiádate de mí! ¡Ten misericordia de mí! ¡Ten piedad y otórgame lo que Te pido por pura bondad!

Llévame a Eretz Israel pronto, para que pueda entrar en las sendas de la santidad y elevarme constantemente de un nivel a otro, en genuina santidad y pureza, rápida y fácilmente, y acercarme cada vez más a Ti, genuinamente y con sinceridad, de ahora y para siempre. Entonces no sentiré vergüenza en este mundo ni en el próximo. Caminaré delante de HaShem en las tierras de los vivientes. Pueda cruzar y ver la buena tierra, la buena montaña y el Levanon. Que mi pobre alma sea preciosa ante Tus ojos y cumple con mis pedidos con amor. Llévame rápido y en paz a Israel para que pueda caminar y postrarme en el polvo de la Tierra Santa y deleitarme en sus piedras y besar cada montículo de tierra.

Déjate llevar por Tu tierna misericordia y trátame con indulgencia. No me juzgues en absoluto, pues no estoy apelando a Ti debido a mis propios méritos; sólo me apoyo en Tu abundante misericordia. Tu favor se despierta mediante la compasión y Tú Te aplacas mediante las súplicas: ayúdame y sálvame. No Te daré paz, no me mantendré quieto, no permaneceré en silencio y no dejaré de orarte sobre esto, constantemente. Pueda así rogarte, orarte y suplicarte una y otra vez, hasta que tenga éxito en mi pedido y alcance el mérito de llegar a Eretz Israel en esta vida, rápida y fácilmente, y se cumpla en mí el versículo: "Tú has salvado mi alma de la muerte y mis pies de tropezar, para caminar delante de Dios a la luz de la vida". Amén. Amén.

www.ingramcontent.com/pod-product-compliance
Lightning Source LLC
Chambersburg PA
CBHW031943080426
42735CB00007B/240